TRES ENSAYOS, CÁUSTICOS, SOBRE LA MUERTE

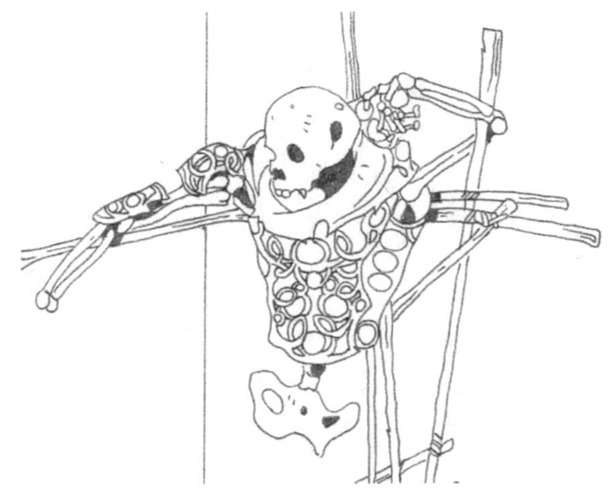

Lamberto García del Cid

Índice

Introducción
I – La muerte
II – Últimas palabras
III – Lapidarium
Finale non vivace: ¿Ser o no ser?

Introducción

Los presentes ensayos, más bien digresiones, quieren revolotear alrededor de este hecho aciago que a todos nos espera y a la mayoría desespera: la muerte. Prescindo de erudiciones o análisis forenses o científicos, pero no de rasgos de ironía y humor, que siempre viene bien en materia tan seria. En el primero de los ensayos: *La muerte*, disfrutaremos de diversas opiniones que sobre ella han vertido poetas, escritores, filósofos y humoristas. Y es que como dijera Emil Ciorán: "Sólo hay un problema: el de la muerte. Debatir sobre otra cosa es perder el tiempo, es dar muestras de una futilidad increíble". El segundo ensayo: *Últimas palabras*, trata de esa costumbre con la que los hombres, generalmente célebres, quieren despedirse de la vida. ¿Con qué propósito? Nos lo descubre Miguel de Unamuno: "Las frases sentenciosas con que tantos hombres que han llenado un papel en la historia terminan su carrera terrestre son frases estudiadas de antemano. El gladiador, al caer herido de muerte en la arena, busca una postura gallarda". Como veremos, hay muchos gladiadores y todos han querido caer en una postura gallarda, pero no siempre lo han conseguido. El tercer ensayo: *Lapidarium*, trata de un vistazo amplio y transversal sobre los epitafios, esas breves frases (a veces no tan breves) con que los deudos, o los propios afectados (previsores), han querido que figuren sobre su lápida, lo pida o no lo impida. Por último, como colofón, una digresión titulada *Ser o no ser*, pues sólo muere quien es, quien existe, condición necesaria para saborear el tósigo de la muerte.

Zaragoza, octubre 2023

LA MUERTE

Sólo hay un problema: el de la muerte.
Debatir sobre otra cosa es perder el tiempo,
es dar muestras de una futilidad increíble.
(E. M. Cioran)

La muerte, esa señora reservada, descarnada, con rozón y sin edad, ha venido atemorizando a la humanidad desde los tiempos en que un grupo de neuronas atrevidas acertó a crear ese órgano-instrumento que llamamos cerebro. Sin embargo, aunque cueste reconocerlo, la muerte es la contrapartida necesaria de la existencia, acicate y motor, la especia que más sabor da a la vida. La muerte otorga a la vida brevedad, catalizador de todos los instintos creativos. Sin muerte no hubiera habido progreso, no hubiera habido arte, ni ciencia, ni poesía, los hombres se hubieran consumido en transcurrires lentos y anodinos. Cierto que nos angustia su nombre, la mera idea de su acontecer, pero su ausencia nos condenaría a la inercia hastiada del mundo inanimado. No obstante, este punto de vista no es compartido por la comunidad de sabios y literatos. Algunos opinan lo contrario, ponen a la muerte de excusa para su inactividad, su desidia. Por ejemplo, Roberto Arlt: "¿Para qué afanarse en estériles luchas, si al final del camino se encuentra como todo premio un sepulcro profundo y una nada infinita?" Quizás se hallase influido por Marco Aurelio, quien dejó escrito: "Dentro de poco también tú cerrarás los ojos, y otro entonces llorará al que a ti te dio sepultura". Antes que él, Epicteto, con parecido talante, nos advirtió:

"Recuerda que eres una inteligencia que lleva de paseo un cadáver". Epicuro nos dejó dicho que no hay nada temible en el hecho de vivir para quien ha comprendido que no acontece nada temible en el hecho de no vivir. Y que el mal que más pone los pelos de punta, la muerte, no va nada con nosotros, porque cuando existimos nosotros la muerte no está presente, y cuando la muerte está presente entonces nosotros no existimos. Y es que la muerte no acaba con la eternidad sino con el instante. Por su parte Séneca, ese torero de la moral, como lo definió Nietzsche, vuelve a recordárnoslo: "Una única ceniza igualará tanto lo que estimas como lo que desprecias". Semejantes actitudes conducen a la inacción, la parálisis, la extinción. Afortunadamente (o desgraciadamente), Séneca, Epicteto, Marco Aurelio y Roberto Arlt son excepciones de la especie.

Otros, como Miguel Hernández, se lo toman con más filosofía, o más valentía:

"Varios tragos es la vida,
y un solo trago la muerte".

Y no faltan quienes exageran su importancia, como John Keats, quizás por intuir que su transcurrir será breve:

"Verse, fame and beauty are intense indeed
But death intenser -death is life's high deed".
(El verso, la fama y la belleza son intensos, sí, /pero la muerte lo es más. La muerte es el acto supremo de la vida).

También están los que se consuelan, como Salvador Espriú:

> "Quan jo mori
> tots, tots,
> bons o dolents,
> sereu només els meus supervivents".

> Y los que se rebelan, como Dylan Thomas:

> "Do not go gentle into that good night.
> Rage, rage against the dying of the light".
> (No vayas sumiso hacia esa noche plácida.
> /Rabia, rabia con furia contra la agonía de la luz).

La muerte es un portal sobre el filo de un acantilado. Quiero uno para mí que sea suntuoso, mayestático. Labrado en el más puro estilo manuelino: mezcla de agudos éxtasis góticos, minuciosos arabescos de sensualidad bizantina, y raras imaginerías hindúes. Fachada beatífica de presentimientos y símbolos. Absorto en su belleza, sin darme cuenta, abriré la puerta y caeré en el vacío...

(Juan Filloy)

La muerte también ha tenido sus defensores. Están los que la ensalzan, como Cioran: "La muerte es un *ascenso*"; o la piden insistentemente, como Esquilo: "¡Oh, muerte! Ruégote que no desdeñosa me difieras el llegar a ti"; o nos la quieren vender, como un jovencito Jorge Luis Borges: "Debemos entrar en la muerte como quien entra en una fiesta"; o la justifican, como Jonathan Swift: "Es imposible que algo tan natural, tan necesario y tan universal como la muerte, pudiera haber sido designado por la Providencia como algo pernicioso para la humanidad". ¿De dónde proviene la valentía de estos desdeñadores de la muerte? ¿Cuál puede ser la ciencia de donde extraen su fortaleza? ¿No les sería aplicable la máxima de La Rochefoucauld sobre los filósofos, a saber, que nada prueba mejor lo temible que es la muerte que el trabajo que se toman para convencernos de que se la debe despreciar?

El hombre y la muerte
(Lokman)

Un hombre acarreaba sobre sus espaldas una carga de leña muy pesada. Fatigado por llevar un peso tan grande, lo arrojó a lo lejos y exclamó:

-¡Quisiera que viniese la Muerte!

Apenas pronunciadas estas palabras, la Muerte apareció ante él y le dijo:

-Aquí estoy. ¿Qué quieres de mí?

-Ah, dijo el hombre-, te llamé simplemente para rogarte que me ayudes a colocar de nuevo este haz de leña a mi espalda.

Me gusta la originalidad de Ramón Gómez de la Serna: "La muerte es un traspié, una impaciencia, una precipitación en el aturdimiento". Y el desapego de Guimarães Rosa: "La muerte es para los que mueren". Sabio aserto. Y por escueto, dos veces sabio. No obstante, mi frase favorita es este enigma de Fernando Pessoa: "Ah neófito, no hay muerte". ¿No hay muerte?

¿Qué quiere decir? Enigmática sentencia, comparable a ésta de Kafka: "Nuestra salvación es la muerte, pero no ésta". ¿No hay muerte, o no es ésta? ¿Es posible que la muerte sea un maestro de Alemania cuyo ojo es azul, como nos dejó esculpido en versos de frío mármol el suicida Paul Celan? ¿O que la muerte dispone de una planilla con incontables números, como imaginaba Rainer Maria Rilke? Muy grande habría de ser esta planilla, o padrón, de ser cierto lo que nos cuenta Ramón Gómez de la Serna: "Por hacer un cálculo que satisficiese a mi imaginación, deseosa de calcular el número de muertos, comencé a escribir una cantidad: 77.000.000.000.000.000.000.000.000.000, y siempre los ceros eran pocos en la procesión inaudita". Jules Renard nos dijo que los que mejor han hablado de la muerte han muerto. Más profunda es esta reflexión de Samuel Butler: "Un hombre sabe que va a morir, pero nunca puede saber que está muerto". Más poético, Edmund Jabés nos señaló que la muerte no acaba con la eternidad sino con el instante. Y al mismo tiempo nos recordó que a una mosca le cuesta tanto morir como a un señor todopoderoso. Y Nietzsche nos recomendó que hay que abandonar la vida como Ulises abandonó a Nausica: con más gratitud que amor. Cerremos el párrafo con otro enigma, éste de Jorge Luis Borges: "La muerte, siéndolo todo, es nada". ¿Es nada la nada?

Después de nuestra muerte se deberá meternos en una bola: esta bola será de madera de varios colores, y se la hará rodar para conducirnos al cementerio, y los enterradores encargados de ese cuidado llevarán guantes transparentes a fin de recordar a los amantes el recuerdo de las caricias. Para aquellos que deseen enriquecer su mueblaje del placer objetivo del ser caro habrá bolas de cristal a través de las que se advertirá la desnudez definitiva de su abuelo o de su hermano gemelo.

(Ramón Gómez de la Serna)

Nada mejor para encarar la muerte que el consuelo de los poetas:

"Estar muerto no es nada.
Morir es sólo triste".

Así cantaba Jorge Guillén, quien también escribió esto tan bonito: "Moriré en un minuto sin escándalo", personalísima variante de ese famoso verso de John Keats: "To cease upon the midnight with no pain..." (*Cesar a medianoche sin dolor...*) Claro que nuestro poeta a veces se revela y exclama: "Muerte: para ti no vivo". Más drástico, más contundente, y rebelde, Miguel de Unamuno no tuvo reparo en manifestar: "En una palabra: que con razón, sin razón o contra ella, no me da la gana de morirme". Y sin embargo, tuvo que doblegarse ante esa señora cuya presencia es fría, majestuosa nada de hielo. De poco sirviole el coraje a nuestro buen Unamuno.

Últimos momentos de Unamuno
Según relata Aragón, que estaba con el filósofo, éste le dijo que se encontraba mejor que nunca y se solazaba como anciano friolero sobre la trébede del brasero.

Eran las seis de la tarde. Se sentía feliz en la intimidad de su cuarto; afuera hacía frío. De pronto don Miguel se quedó silencioso. El profesor Aragón creyó que le había podido sentar mal el tufo del brasero y lo apartó de sus pies, y en ese momento advirtió que una zapatilla se estaba ya quemando sin que él se hubiera dado cuenta. Unamuno estaba muerto.

"Para morir es necesario tener un capital de sombra en algún rincón del pecho dulcemente guardado". Así se expresa M. Álvarez Ortega, poeta cordobés. Seríamos, siguiendo la metáfora, unos meros acumuladores de sombra, valores que encerraríamos celosos en el cofre del tórax. Vicente Aleixandre, ese poeta hecho de luz, nos dijo:

"Para morir basta un ruidillo.
El de otro corazón al callarse".

La muerte a precio

Una sociedad en la que la gente tenga que trabajar duramente toda su vida y ahorrar para que se le permita morir. Cada cual va ahorrando el dinero para su muerte. ¿Y quién lo recibe? Unos funcionarios que deciden si uno ha ahorrado lo suficiente para morir.

(Elías Canetti)

¿Y la ciencia? ¿Qué tiene que decir la ciencia acerca de la muerte? Richard Dawkins, naturalista neo-darwiniano, nos advierte: "Vamos a morir, y ello hace de nosotros seres afortunados. La mayoría de la gente nunca morirá porque nunca va a nacer". O la consolación por la estadística. El científico heterodoxo y contracultural Timothy Leary nos ilumina con su particular visión de este postrer trance: "Recuerda, no te mueres. Simplemente cambia la velocidad de tus vibraciones. La muerte es apenas una frecuencia de radio diferente". ¿Entrar en un campo desgravitatorio? Stuart Kaufmann, tan a gusto en el universo, nos recuerda que para un organismo vivo, el equilibrio equivale a muerte. Debemos evitar la quietud, afiliarnos al trasiego de los mares. Otro científico, éste patrio, Don Santiago Ramón y Cajal, nos aleccionó zoológicamente: "Mirando las cosas desde el lado zoológico, sólo hay en la Naturaleza una muerte feliz: la de la *Efímera*, que cae como fulminada en un espasmo de amor". Y después, cambiando la referencia zoológica por la botánica, erige esta poderosa imagen: "Cada muerto contemporáneo deja en la tierra, al modo de la *procesionaria* del pino, un hilo sutil que tira de nosotros hacia la tumba. A los setenta y cinco, lo más a los ochenta, todas las hebras juntas forman ya formidable maroma contráctil que nos arrastra inexorablemente hacia la fosa". Poco más puede sacarse de los escritos de los científicos, más interesados en desentrañar el secreto de la vida.

La criogenia es la segunda mayor bobada de la que he oído hablar, por detrás de la muerte.
(Timothy Leary)

El miedo a la muerte deviene muchas veces en miedo a las palabras que la nombran. De ahí el extendido uso de alusiones piadosas en todas las culturas para denominarla. Los árabes utilizan los siguientes eufemismos para indicar que alguien muere: "Lamió el dedo", "ahogose en su saliva", "se inclinó su sombra", "cortó su rienda". Los chinos, igual de delicados, poseen parecidas perífrasis: "Ir a beber a la fuente amarilla" o "bajar al río". En el Tibet se emplea la expresión "ir al Bardo". En la India "unirse con el infinito". En occidente, los latinos poseían la siguiente circunlocución para hablar de los difuntos: *Abierunt hinc in communem locum* (Se fueron de aquí hacia un lugar común). En los naufragios, los marineros del Danubio rezaban: «Duermo; luego vuelvo a remar». "Vieja mecedora" (old rocking-chair) le dicen en los blues a la muerte: ésta viene a ser «el último sueño», «la última siesta», de los negros. En los países anglosajones se utilizan también expresiones suaves y consoladoras: "Passed away" (ha pasado), "gone to his reward" (ha ido a buscar su recompensa), o las menos conocidas: "ha comprado una granja", "se ha ido al oeste". En claro contraste, en esta parte adusta del occidente mediterráneo, utilizamos, en vez de eufemismos piadosos, llanos barbarismos: "Estirar la pata", "cascarla", "llevárselo con los pies por delante", "diñarla". Delicadeza oriental y melindre anglosajón frente a barbarie carpetovetónica. Quizás no fuera tan fútil la postura de Timothy Leary, que quiso dar a la muerte un nombre mejor, o morir en el intento. Murió en el intento.

Metáforas para morir en diferentes países

En Croacia morir se dice "trasladarse a un metro y medio bajo tierra", en Brasil "ponerse el traje de madera", en Canadá "estar seis pies bajo tierra", en Italia "tensar los cueros", en la República Checa "estar tirando pedos en la tierra", en Dinamarca "conseguir un pisito con techo", en Hungría "oler las violetas por la raíz", en la India "fundirse con el infinito", en Japón "ir derecho hacia la tierra del agua amarilla de manantial", en Serbia "estirar la pata del cerdo", en Sudáfrica "partir hacia el coto de la felicidad", en Turquía "clavar las herraduras", en Estados Unidos "patear el cubo", en el Reino Unido "quitarse los zuecos", en Gales "alcanzar la cima de la montaña", en Zambia "ser definitivamente derrotado", en Nepal "vomitar lentejas negras", en Polonia "conceder caridad" o "patear el calendario", en Holanda "cantar la música del cuervo", en España "irse al otro barrio", en Alemania "listo para cruzar el río Jordán", en Irán "romperse el ser", en Filipinas "estar festejando ahí arriba", en Francia "alimentar a los gusanos". Nicanor Parra nos da estas otras formas de decir que alguien se murió: Se dio vuelta pal rincón, entregó la herramienta, se nos fue, se enfrió, dobló la esquina, pasó a mejor vida, cagó fuego, cagó fierro, cagó pila, recuperó su imagen inicial, cagó pistola, estiró la chalupa, pasó a decorar el Oriente Eterno. En México, verdaderos adoradores de la muerte, no tienen una o dos formas para definir el acontecer de este postrer paso, sino cientos. Estas son algunas: ir pasando de a uno, clavar el pico, colgar los tenis, chupar faros, doblar el petate, enfriarse, entregar el equipo, estirar la pata, felparse, mudarse al otro barrio, palmarla, pasar a mejor vida, perder la licencia para conducir, pelar gallo o pelarse, petatearse, pirarse, quedarse tieso, torcerse, tocarle a uno... Y ya que estamos con México, y con la muerte, consignar, con la ayuda de Rodrigo Fresán (**Mantra**), los distintos nombres que esta descarnada señora tiene en ese país:

Nombres de la muerte en México

La Manadora, La Amada Inmóvil, La Apestosa, La Bien Amada, La Blanca, La Cabezona, La Calaca, La Calavera, La Calva, La Canaca, La Canica, La Cantante Muda, La Cargona; La Catrina, La Chicharrona, La Chifosca, La Chiripa, La China, La China Hilaria, La Chingada, La Chinita, La Chirifosca, La Chiripa, La Chupona, La Cierta, La Comadre, La Copetona, La Costal de Huesos, La Cruel, La Cuatacha, La Curamada, La Dama de la Guadaña, La Dama del Velo, La Descarnada, La Desdentada, La Dientona, Doña Huesos, Doña Osamenta, La Enlutada, La Espirituosa, La Estirona, La Flaca, La Fregada, La Grulla, La Güera, La Hilacha, La Hora de la Hora, La Hora de la Verdad, La Hora Suprema, La Huesos, La Huesuda, La Igualadora, La Impía, La Indeseada, La Jedionda, La Jijurra, La Jodida, La Liberadora, La Llorona, La Madre Matiana, La Malquerida, María Guadaña, La Matadora, La Mera Hora, La Mocha, La Novia Fiel, La Pachona, La Pilida, Patas de Catre, Patas de Hilo, Patas de Hule, Patas de Ixde, Patas de Popote, La Parca, La Patrona, La Paveada, La Pelada, La Pelona, La Pelleja, La Pepenadora, La Polveada, La Rasera, La Raya, La Segadora, La Sin Dientes, La Siriquisiaca, La Sonrisas, La Tembleque, La Tía de las Muchachas, La Tía Quiteria, La Tilica, La Tilinga, La Tiznada, La Tostada, La Triste, La Trompada.

En China lo tenían más fácil, pues se podía incluso no morir. Para ello bastaba, tras largas prácticas taoístas, fabricar el elixir de la inmortalidad o sumirse en el ascetismo, absteniéndose de cereales, de alimentos cocidos y aprendiendo a regular la respiración. También podía uno ahorrarse el último trance retirándose a vivir en ermitas, donde los dioses acudían a llevarse a los bienaventurados que allí moraban. El que por uno de estos modos alcanzaba el estado de santidad, abandonaba su cuerpo grosero como un despojo vacío, y liberando el sutil, podía volar sobre las nubes, atravesar el agua y el fuego, y, emancipado de la materia, escapar al destino último de ésta: la muerte.

Chuang-Tzu encuentra un cráneo antiguo y, usándolo de almohada, se duerme. El cráneo se le aparece en sueños a Chuang-Tzu y le dice que entre los muertos no hay soberanos o súbditos, no hay trabajo que hacer, y que la primavera y el otoño son interminables. Chuang-Tzu pregunta: «Si consiguiera que el Árbitro del Destino te diese un cuerpo otra vez, te hiciese de carne y hueso, te devolviese a tus padres, tu familia, la casa que tenías antes y tus amigos, te gustaría, ¿verdad?». El cráneo responde: «¿Por qué iba a abandonar esta felicidad, que es la de un rey en su trono, para cargar de nuevo con los problemas de un ser humano?».

Pero para quienes no lograban escapar, los ritos chinos proporcionaban consuelo alternativo. Testigos viajeros en ese país inmenso cuentan que durante el entierro, todo es algazara y risa, hasta que el pariente más próximo dice: "¡Ha llegado la hora de llorar!", y todos lloran hasta que de nuevo dice: "¡Basta!", y comienzan de nuevo las risas. Con estas escenas ofrecen al muerto toda la gama intensa de la vida. Despidámonos de los chinos relatando una anécdota en torno a la muerte del que quizás fuera el más egregio de sus pensadores:

La muerte de Lao Tse

Cuando murió Lao Tse, Chin Shi acudió a su morada para presentar sus condolencias. Una vez en el interior de la casa, lanzó tres gritos y se marchó. Al día siguiente un discípulo de Lao Tse le preguntó:

-¿No era el maestro amigo tuyo?

-Ciertamente -replicó el otro.

-¿Y crees que tus gritos fueron la forma más correcta de lamentar su muerte?

-Así es. Para empezar te diré que yo creí que acudía a una reunión de auténticos hombres, pero cuando llegué, me encontré con un montón de viejos que gemían como si hubieran perdido a un niño; también había jóvenes que se condolían como si hubieran perdido a su madre. ¡Menuda reunión! Todos hablaban de él, aunque él nunca les hubiera pedido que lo hicieran; no paraban de gemir, aunque él jamás hubiera deseado sus lágrimas. Eso es cambiar el curso del Cielo y dejarse llevar por las emociones, ignorando lo que ha sido concedido. Cuando el maestro vino a este mundo, ello se debió a que era conveniente que naciera. Cuando murió, su muerte fue algo completamente natural. Si estás preparado para aceptar esto y fluir con ello, entonces no te afectarán ni la pena ni la alegría.

Los indios también han reflexionado sobre la muerte. Incluso explican cómo nació:

La creación de la Muerte
(Mahabharata)
Los hijos de Brahma se multiplicaban pero no morían. Pronto el cosmos se superpobló de jivas, lo que alarmó

a Brahma, que entonces creó a Mrityu, la diosa de la muerte. Cuando fue informada de su deber, Mrityu huyó. Sólo se detuvo cuando se le aseguró que todos aquellos que mataría volverían a nacer. Sólo tendría que matar la parte material, y por lo tanto mortal, del componente de los jivas.

No han faltado los escritores y pensadores que han visto la muerte a través del prisma del humor o con las gafas de la ironía. Así, Enrique Jardiel Poncela nos enseñó que la muerte tiene un lado bondadoso: hace viudas. Antes que él, otro chistosillo, Quevedo, nos dijo que más han muerto porque hicieron testamento, que porque enfermaron. Y Francis Picabia veía este postrer trance de esta manera: "O se muere como un héroe o como un idiota, lo cual viene a ser lo mismo". Paul Krassner, referente contracultural norteamericano, dijo refiriéndose a un fallecido que "había muerto de una sobredosis de causas naturales". También nos divierte esta visión insólita del gran Ramón: "El gusano puede molestarnos de vivos; pero de muertos será nuestra resurrección". El mismo Gómez de la Serna nos dejó escrito: "¿Qué tengo miedo a morir? ¿Y en qué otra cosa mejor voy a emplear el miedo?" Muy cierto, ¿en qué otra cosa podemos emplear la vida?

Sófocles dijo que "la muerte era el postrero de los médicos".
Yo, que el postrero y el mejor, porque de una vez libra, no
solo de todas las enfermedades, sino de todos los otros
médicos.

(Quevedo)

Muerte, cariátide inmutable del templo de la vida, así la nombró Juan Filloy. Y un poeta, creo que José Luis García Martín, nos dijo que la muerte es la rosa al revés y deshojada. Jorge Guillén, por su cuenta lírica, dijo que la muerte es ya una flor de la paciencia y Céline, ese francés irreverente, que la muerte ocupa el lugar del cero en la ruleta. El casino siempre gana; la muerte también. ¿Y el crupier? El crupier bien podría ser Heidegger, que predica, con su rastrillo hecho de ser y tiempo, que la muerte es, en la medida en que "es", esencialmente en cada caso la nuestra propia.

Es esta vida escuela de fallecer, y a ella somos enviados a estudiar a morir. Todos cursamos en esta cátedra, pero raro es el que escribe con cuidado sus materias. Morir sólo, no es estudio. La cédula de haber asistido no nos sirve, que ésta es una carta de pago general que da el tiempo a todos. La cédula de haber acabado bien es la que nos ha de dar el grado.

(Diego de Torres Villarroel)

"Cambian las vidas, pero la muerte es única". Así cantaba Luis Cernuda. Y para Cesare Pavese morir era la máxima debilidad. Una debilidad muy fuerte, pues nadie la salva, nadie se salva. Acabar, terminar el corto papel que se nos ha otorgado en el gran teatro del devenir. Y ahuyentar así a la sombra de los hados. "End! Finis! The potent word that exorcises from the house of life the haunting shadow of fate." (¡Fin! ¡Finis! Poderosa palabra que exorciza de la casa de la vida a la acechante sombra del destino). Y con el "End! Finis!" de Joseph Conrad, el fin de la presente glosa. ¿Qué nos importa a nosotros, los futuros muertos (Savater dixit), la muerte? Mientras nosotros somos, la muerte no es; cuando la muerte sea, nosotros no seremos. Confío en que este epicúreo razonamiento, lector, lleve sosiego a su ánimo. Y si no, en la muerte nos veremos.

Un hombre que muere a los 35 años es, en cada instante de su vida, un hombre que muere a los 35 años.
(Moritz Heimann)

ÚLTIMAS PALABRAS

*Las frases sentenciosas con que tantos hombres que han llenado
un papel en la historia terminan su carrera terrestre
son frases estudiadas de antemano. El gladiador, al caer herido
de muerte en la arena, busca una postura gallarda.*
(M. de Unamuno)

En la antigüedad, cuando la historia se formaba exclusivamente de nombres propios, la muerte tenía mucha importancia a la hora de catalogar una vida. Dime cómo mueres y te diré cómo pensará la gente que has vivido. Lo que dio pie a que Shakespeare escribiera: "More are men's ends marked than their lives before" (*Más se miran los finales del hombre que su vida anterior*). Una buena muerte, a poder ser concluida con una sentencia ingeniosa u ocurrente, puede poner broche de oro a una mala vida. Sí, la clave puede estar en proferir, durante los estertores de la agonía, la frase adecuada. Yo estoy convencido de que cada persona tiene una frase ensayada para pronunciarla antes de partir. Lo que ocurre es que a veces no les da tiempo, o no se acuerdan, o la pronuncian mal y no se les entiende, o, como no son famosos, la ingeniosidad se pierde entre deudos con preocupaciones más perentorias. Pero algunas sobreviven. Cierto que habrá mistificaciones, frases atribuidas *a posteriori*, pero incluso estas invenciones son reveladoras. No faltan, claro, quienes censuran esta claudicación a la hipocresía cultural, quienes opinan que lo normal en semejante trance sería patalear, gritar, blasfemar. O para decirlo con el estilo escatológico de Francisco Umbral: "Hay que morir cagando como un hombre". También existe una tercera vía, la más difícil por la cantidad de humildad que requiere: callar y apagarse en silencio. Como hizo Tiberio, el hombre más atormentado de todos los que se atormentan a sí mismos, que murió en silencio. Nietzsche le premió diciendo: "¡Él era auténtico y no un actor!"

Pasemos a analizar, sin más preámbulos, algunas de estas frases últimas que he ido coleccionando durante mis heterogéneas lecturas. Cediendo a la cronología comencemos por los antiguos. En *De pomo et morte*, una obra apócrifa tardíamente atribuida a Aristóteles, se describe cómo el filósofo espera pacientemente la llegada de la muerte, mientras se alivia con el olor de una manzana... A los lamentos de sus amigos y discípulos, él replica risueño: "No creáis que estoy alegre porque voy a escapar de la menor de mis dolencias. Sé que voy a morir y que no puedo huir de la muerte; los dolores aumentan, y acaso habría muerto ya de no ser por el alivio que me ha proporcionado esta manzana, que quizá haya alargado mi vida unos instantes". Así continúa filosofando hasta que expira. Un discípulo suyo, Teofrasto, a la sazón un viejo ya de ochenta y cinco años, cuando sintió que sus fuerzas se extinguían, profirió: "Es una lástima, ahora que empezaba a volverme juicioso". Con juicio o sin juicio, las Parcas se lo llevaron. Los griegos eran muy dados a la oratoria agonizante. Sófocles presenta así las últimas palabras de Áyax: "¡Oh, esplendor de Salamina, oh, sacrosanto solar de la tierra donde está mi casa, oh, suelo patrio de mi hogar, y Atenas famosa y tu gente entre la que me crie, y fuentes y ríos estos de aquí, y campos troyanos, os saludo, adiós, vosotros que me habéis mantenido! Esta es la última frase que os pronuncia Áyax, que el resto se lo contaré en el Hades a la gente de allá abajo". A continuación el héroe se quita la vida con su espada. En la *Vida de Plotino*, Porfirio pone en boca del filósofo estas últimas palabras: "Estoy tratando de conducir lo divino que hay en mí a lo divino que hay en el Universo". Más prosaicas fueron las últimas palabras de Sócrates: "Oh, Gritón, debo un gallo a Asclepio".

Los romanos eran más lacónicos. Al emperador Augusto se le atribuyen varias frases en su lecho de muerte. Una de ellas es *Acta est fabula* (El espectáculo ha terminado) y la otra, quizás la postrera: *Et nunc plaudite!* (¡Y ahora aplaudid!) Quiero imaginar que esta última frase la pronunció porque previamente había preguntado a los amigos allí presentes si había representado bien el drama de la vida. Estos debieron decirle que lo había hecho bastante bien. De ahí la petición del aplauso. Nerón, que tuvo ínfulas de autor, parece ser que al morir dijo: "¡Que artista muere conmigo!". En el Talmud se recoge que cuando murió Tito, el enviado del emperador de Roma, sus últimas palabras fueron: "Incineradme y arrojad mis cenizas a los siete mares, para que el Dios de los judíos no pueda encontrarme y juzgarme". Galeno, el célebre médico, cuyo corazón hallábase fuertemente apegado a las cosas terrenas, dijo en el momento de morir: "Ojalá después de mi muerte pudiera seguir viendo este mundo, aunque sólo fuera por el orificio del trasero de mi mulo". Puede que la frase no estuviera preparada, pues carece de sutileza intelectual. Pero quién sabe.

Saltemos bastantes siglos. Dícese que en los últimos momentos de su vida, Jaime I el Conquistador se encontraba dando consejos a su hijo, el infante don Pedro, y que justo cuando se sintió expirar, terminó su vivir con estas sencillas palabras: "Hijo mío, ya sois rey... ". El maestro judío Baal Shen Tov, maestro de maestros, enseñaba mientras respiraba. Sus últimas palabras, allá por el 1290, fueron un acto de enseñanza, una exposición sobre un verso del Libro de Ester. Petrarca murió en Julio de 1374 mientras escribía las últimas páginas de un manuscrito. Escribió las palabras: "... en medio de esta pestilencia vino a finalizar..." y lo que finalizó fue su vida. Raymond Diocres, quien fuera tutor teológico de Giordano Bruno, cuando estaba en el lecho de muerte, exclamó: "¡Estoy condenado por la justicia de Dios!" Estas palabras dejaron en el alumno, que estaba presente, una impronta imborrable. Rabelais, ese escritor precursor de tantos, dejó como últimas disposiciones: "¡No tengo nada, debo mucho y... el resto se lo dejo a los pobres! ¡Ahora bajad el telón, el sainete ha terminado!" Sin embargo, para despedidas memorables del ejercicio de la literatura, esa otra vida de la vida, ninguna tan bella y emotiva como la Miguel de Cervantes: "Ayer me dieron la extremaunción y hoy escribo esto. El tiempo es breve, las ansias crecen, las esperanzas menguan, y con todo esto, llevo la vida sobre el deseo que tengo de vivir". Estas palabras las escribió Cervantes el 19 de abril de 1616 en la dedicatoria del *Persiles*; fue la última página que escribió en su vida. Otro escritor del siglo de oro, Francisco de Quevedo y Villegas, ya gravemente enfermo, preguntó al médico que le atendía cuánto tiempo le quedaba por vivir y el médico le contestó que tres días, a lo que el escritor respondió: "Ni tres horas"; y tuvo razón. Una de sus últimas "salidas" fue en réplica a quien le propuso que dejase dinero para pagar los músicos que habían de acompañar su entierro: "La música páguela quien la oyere". Y para concluir con el Siglo de Oro, traigamos las palabras de Góngora al morir: "¡Ahora que comenzaba a saber algo de la primera letra en el A B C, me llama Dios! Hágase su voluntad".

Últimas palabras de Tirante el Blanco

El Duque le respondió:

-Señor primo, ¿un cavallero tan animoso como vuestra señoría se desmaya tanto? Confiad de la misericordia de Nuestro Señor, que él, por su clemencia y piedad, os ayudará y os dará presta salud.

Y estando en estas palabras, Tirante lançó un gran grito, deziendo:

-¡Jesús, hijo de David, ayas merced de mí! Credo, protesto, confieso, repiéntome, confío, demando misericordia. ¡Virgen María, ángel custodio, ángel Sant Miguel, amparadme y defendedme! Jesús, en tus manos, Señor, encomiendo el mi spíritu.

E dichas estas palabras dio el ánima, quedando su cuerpo en los braços del duque de Macedonia.

(Joan Martorell, *Tirante el Blanco*)

Sigamos con literatos. Thomas Gascoigne nos habló de los terrores espirituales de Chaucer en su lecho de muerte. Se supone que gritó: "¡Ay de mí!

Pues ahora ya no podré revocar ni destruir las cosas perversas que he escrito sobre el pecaminoso e inmundo amor de los hombres por las mujeres, y que ahora pasará para siempre de hombre a hombre, tanto si lo quiero como si no". Sospechosas últimas palabras. Atravesemos el Canal. Cuando a Moliére, moribundo, le anunciaron que había llegado el médico, exclamó: "Díganle que estoy muy enfermo y no le puedo recibir". El fabulista Lafontaine, cuando ya estaba poseído por el hipo final, exclamó: "¡Como escape de ésta, vaya una sátira que voy a hacer contra el hipo!" A Fontenelle, moribundo, le preguntó su médico: *"Monsieur Fontenelle, que sentez-vous?"*, y el ya centenario escritor respondió: *"je sens une difficulté d'étre»*. Fueron sus últimas palabras. Y es que la perfeccón gramatical es una buena aliada del sucumbir. Alfredo de Musset murió un 1 de mayo de 1857. Sus últimas palabras fueron: "¡Dormir, quiero dormir!" Pero hay quienes prefieren los gestos a las palabras, como Alfred Jarry, el patafísico francés autor de **Ubú rey**, que, como venganza contra Dios, en su agonía pidió un palillo y murió hurgándose los dientes. Fue a la hora el crepúsculo, cuando los malos pensamientos mejor solicitan al hombre. Continuando con los franceses, quizás el pueblo que más ha gustado de las despedidas teatrales, digamos que Ninon de Lenclos, en el trance de su muerte, dijo: "¿Pero qué importa esto si no dejo tras de mí más que mortales?" Chamfort, autor de máximas aceradas y suicida chapucero, pronunció al final de su vida: *"Je m' en vais enfin de ce monde, ou il faut que le creur se brise ou se bronze"* (Me voy por fin de este mundo, que hace que el corazón se rompa si no es de bronce). El pintor Jean-

Baptiste Corot, en su lecho de muerte, pronunció estas últimas palabras: "¡Ved, ved esos paisajes!" Otro pintor, Paul Gauguin, murió el 8 de mayo de 1903, en el poblado de Atauna, en Hiva-Oa. Acababa de escribir: "Esta noche pasada soñé que estaba muerto y, cosa curiosa, era precisamente el momento en que me sentía feliz". El médico francés René Laennec, dos horas antes de su muerte, se quitó los anillos de los dedos, los colocó en su mesilla de noche y sentenció: "Sería preciso que otro, ya muy pronto, me prestase este servicio, y no quiero ocasionarle ese pesar y esa molestia". Según la leyenda, Balzac, el gran escritor, al sentirse morir llamaba al médico de su invención, personaje de sus novelas como *Goriot* o *Grandet*: "¡Llamad a Bianchon! Él me curará". La ilustre aristócrata Anne de Montmorency, pronunció su frase postrer: "¿Creéis que quien ha sabido vivir con dignidad ochenta años no va a tenerla un cuarto de hora para morir?" Guillaume Apollinaire vio morir a Jean Moréas, y cuenta que sus últimas palabras fueron: "¡La vida!... ¡La muerte!... No; no hay nada más que la poesía". Poeta hubo también que, en la hora última, no supo estar a la altura de su obra, y gritó: "¡Qué desgraciado soy, qué desgraciado soy... y llevo dinero encima que no puedo siquiera vigilar!" Quien así se lamentaba, cual temeroso pequeñoburgués, no era otro que el gran Rimbaud, prototipo de escritor rebelde. Dícese que al final quiso arreglarlo añadiendo: "¡No, no! ¡Ahora me rebelo contra la muerte!" Demasiado tarde. Más digno se mostró André Chénier, poeta menor condenado a muerte por la Revolución en 1794, quien antes de entregar su cuello descubierto a la cuchilla de la guillotina, dándose con la mano en la frente, hubo de exclamar: "Aquí había algo". La escritora Harriet Martineau, al morir, simplemente dijo: "No veo razón alguna para que la existencia de Harriet Martineau se perpetúe". Y no se perpetuó. Se dice que Proust intentó redactar anotaciones de su propia agonía que deberían haberse añadido a la descripción de la muerte de Bergotte. Eso es amor al trabajo. Cuenta Simone de Beauvoir que cuando Sartre estaba a punto de exhalar su último suspiro en una cama de hospital, corrió a su lado para recoger las últimas palabras del moribundo, que luego ella misma se afanó en difundir: "La amo mucho, mi querida Castor", dicen que dijo el viejo Sartre. (Aquello de Castor era el apodo cariñoso con que el filósofo se refería a Simone de Beauvoir, aludiendo a su condición diligente y trabajadora). Y el viejo Sartre ofreció sus labios a la vieja Simone y ésta los besó y así pudo él morir en paz. Pero parece que esto se lo imaginó la Beauvoir. Pues el día que murió Sartre era Arlette quien se encontraba en la habitación con el moribundo. Simone de Beauvoir, su querida Castor, llegó tarde. Destrozada por el dolor de encontrar el cadáver todavía caliente del filósofo, trató de meterse en la cama con él, en un último, y patético, acto para la galería. Charles Fourier murió en Montmartre, rezando arrodillado junto a su cama, rodeado de sus gatos. Al gran matemático francés Lagny, cuando agonizaba, se le acercó uno de los presentes y le dijo: "Lagny, ¿cuál es el cuadrado de doce?" "Ciento cuarenta y cuatro", respondió Lagny. Y expiró.

Y ya que un matemático ha cerrado el apartado de los franceses, reanudemos la crónica con otro matemático, Euler. En septiembre de 1783, Leonhard

Euler, considerado el padre de todos los matemáticos, después de calcular la órbita del recién descubierto planeta Urano, se paró a jugar con su nieto y se bebió una taza de té. Con la pipa en la mano, sufrió un infarto. Sus últimas palabras fueron: "Me muero". No fue muy original, pero fue sencillo. Otro insigne matemático, Georg Riemann, el día antes de morir estudiaba a la sombra de una higuera y su alma estaba alegre. Su esposa le dio un poco de pan y vino, y él le dijo entonces: "Dale un beso a nuestra hijita", y juntos empezaron a rezar el padrenuestro. Al llegar a "perdónanos nuestras deudas" Riemann alzó lentamente los ojos al cielo y murió. Eso dice su mujer. Fue Riemann más sencillo que su compatriota Goethe, quien ha inmortalizado su última frase: "Licht, mehr Licht!" (¡Luz, más luz!) Hay quienes aseguran que lo decía porque la habitación estaba en penumbra y no porque deseara mayor esclarecimiento intelectual, del que ya tuvo bastante. Ahora, envidiosos del genial poeta desautorizan esta extendida versión; aducen estos desmitificadores que sus últimas palabras estuvieron dirigidas a su nuera, a la que supuestamente dijo: "Dame tu patita". Otras fuentes sostienen que antes de morir preguntó qué día era, y como fuera el segundo día del solsticio de marzo, dijo delirante: "¡Oh, la primavera ha comenzado!" ¿Versiones de resentidos? Quién sabe. Otro alemán, otro genio, músico de la divinidad, Wolfgang Amadeus Mozart, en la madrugada del día en que murió, recibida la extremaunción, se despidió de los suyos y, obnubilado, siguió componiendo. Con las últimas respiraciones emitió los sonidos que seguía creando y ordenando en el pentagrama de la mente.

Sus últimas palabras fueron música; muy apropiado. En la *Décima sinfonía,* inacabada, de Mahler, se halla escrito lo último que pronunció este compositor al morir, dirigiéndose a su esposa Alma Mahler: *"Almschi, geliebtes Almschi"* ("Almita, querida Almita"). El escritor austriaco Otto Weininger, autor de la célebre obra **Sexo y carácter**, se consideraba a sí mismo un criminal. Sentía una fuerte atracción por la mentira, la crueldad e incluso el crimen. Poco antes de su muerte voluntaria, escribió: "Me mato para no matar a otro". Díjose de él que no tenía otra aspiración que la de recibirse de calavera. El filósofo Halle, que era médico, se estuvo tomando el pulso hasta el supremo latido: "Amigo mío", dijo a un colega, "la arteria deja de latir". Estas fueron sus últimas palabras. Cuando un visitante junto a la cama de un agonizante Heinrich Heine vio que la muerte le acechaba, le preguntó si quería que llamase a un sacerdote. Heine le contestó en francés: "*Non, Dieu me pardonnera, c'est son metier,*"-(No, Dios me perdonará, es su oficio). Luego murió. Y Rainer Maria Rilke, el poeta leucémico herido de muerte por la espina de una rosa, se defendió de las inyecciones y de los médicos, gritando: "Quiero morir de mi muerte, no de la de los médicos". Y mandó inscribir en su tumba los siguientes versos:

Rosa, pura contradicción, voluptuosidad de no ser el sueño de nadie, bajo tus muchos párpados.

En su lecho de muerte, ocurrida en París el 22 de mayo de 1939, Joseph Roth, exhausto y desconcertado, padeciendo de tristezas que no tienen nombre, oye historias susurradas sobre los crímenes de

Buchenwald y se le presenta una imagen: allí, en lo que en otro tiempo se llamó Ettersberg, se alza el roble de Goethe, bajo cuyo generoso follaje el escritor solía verse con su amada Frau von Stein. Ahora el roble sigue allí, arrojando su sombra sobre las alambradas del tenebroso recinto, intacto gracias a la llamada Ley para la Protección de la Naturaleza del Tercer Reich. Y Roth, con su último aliento, hace su comentario, también último, que bordea la ironía: "Se está difundiendo falsa información sobre el campo de concentración de Buchenwald: historias de horror, se podría decir. A mí me parece que ha llegado la hora de poner las cosas en su perspectiva correcta. Hasta ahora, ni un solo interno del campo de concentración ha sido atado al roble bajo el que se sentaban Goethe y Frau von Stein, el roble que todavía sigue vivo, gracias a la «Ley para la Protección de la Naturaleza». Por supuesto que no: se les ha atado a otros robles, ya que no se puede decir que escaseen en este bosque". Con este comentario, irónico y desesperado, murió Joseph Roth.

Habiéndose apartado el médico de la cama para limpiar una jeringa, Kafka le pidió que no se fuera. El médico le dijo: "No, no me voy". Entonces él le replicó: "Yo me voy". Y murió.

Ludwig Wittgenstein, que al parecer leía **Black Beauty** cuando le llegó la hora, dijo: "Decidles que he tenido una vida maravillosa". No se sabe a quienes había que darles la buena nueva. Otros filósofos, al decir de sus deudos o testigos, fueron más sosos. Así, Schopenhauer parece que dijo: "Después de todo, hemos salido bien parados". Y Kant un simple: "Está bien". Como es sabido, Stefan Zweig y su mujer se suicidaron cuando estaban exiliados en Brasil. Sus últimas palabras las plasmó en un documento autógrafo en el que explicaba su muerte: "Antes de abandonar esta vida por mi propia y libre voluntad, quiero cumplir un último deber: quiero dar las gracias más sinceras y emocionadas al país de Brasil por haber sido para mí y mi trabajo un lugar de descanso tan amable y hospitalario. Cada día transcurrido en este país he aprendido a amarlo más y en ningún otro lugar podría con más gusto tener la esperanza de reconstruir mi vida de nuevo, ahora que el mundo de mi lengua madre ha perecido por mí, y Europa, mi hogar espiritual, se destruye a sí misma. Pero comenzar de nuevo requeriría un esfuerzo inmenso ahora que he alcanzado los sesenta años. Mis fuerzas están agotadas por los largos años de peregrinación sin patria. Así, juzgo mejor poner fin, a tiempo y sin humillación, a una vida en la que el trabajo espiritual e intelectual ha sido fuente de gozo, y la libertad personal, mi posesión más preciada. ¡Saludo a mis amigos! Quizá ellos vivan para ver el amanecer tras la larga noche. Yo estoy demasiado impaciente y parto solo". Unas últimas palabras muy largas, pero que merece la pena consignar.

**Últimas palabras del artista del hambre,
célebre relato de Kafka**

-Porque yo he de ayunar, no puedo evitarlo

-¿Y luego qué? –preguntó el espectador- ¿Por qué no puede evitarlo?
-Porque –respondió el artista del ayuno- no puedo encontrar el nutriente que necesito. Si lo hubiera encontrado, nunca hubiera sentido ninguna inquietud, y hubiera comido mi ración como cualquier persona". Esas fueron sus últimas palabras.

Los anglosajones poseen un singular talante frente a la muerte, lo mismo que frente a la vida. Sir Walter Raleigh, examinando el hacha del verdugo que se disponía a cercenarle la cabeza, pronunció: "No me causa miedo. Es una fuerte medicina que va a curarme de todos mis males". Tomás Moro, otro ajusticiado, luego de subir al patíbulo pronunció esta frase postrer: "Soy un fiel servidor del Rey, pero primero de Dios". Siguiendo con las muertes patibularias, William Palmer (1824-1856) fue ejecutado por haber envenenado a un amigo. Cuando pisó la trampilla del cadalso, miró nerviosamente al verdugo y le preguntó: "¿Está seguro que esto es seguro?" Lord Cavendish fue un científico británico solitario y lacónico. Su amor a la soledad le llevó, cuando presintió que iba a morir, a pedir a los presentes que salieran de la habitación y le dejasen solo. Expiró en silencio, solo, a la edad de 78 años. Otro científico, el físico y paleontólogo escocés Robert Broom (1866-1951), fue un personaje extravagante que, si el tiempo se lo permitía, gustaba de hacer el trabajo de campo completamente desnudo. Murió a los ochenta y cinco años, justo después de escribir las líneas finales de su monografía sobre los "australopitecines". Sus últimas palabras fueron:

"Bueno, esto está acabado... igual que yo". Lord Byron, al morir, pronunció: "Ahora yo me iré a dormir. Buenas noches". Las últimas palabras de Keats, de acuerdo a su amigo Severn, fueron: "Severn, levántame..., me muero..., moriré rápido..., no te asustes..., se fuerte, y gracias a Dios ha llegado". Más prosaica, contra lo que hubiera sido menester, parece que Isabel I de Inglaterra, al morir, pronunció este poco elevado ruego: "Todas mis posesiones por un poco de tiempo". Y siguiendo con la realeza británica, Ana Bolena, segunda mujer de Enrique VIII, le dijo estas últimas palabras al verdugo que se disponía a decapitarla: "No os dará ningún trabajo. Tengo el cuello muy fino". En su hora postrer, Robert Louis Stevenson no podía hablar, y escribió para su esposa: "No tengas miedo. Si esto es morir, es bien fácil". Pero hay otra versión. En esta otra versión Stevenson jugó una partida de cartas con su mujer. Luego bajó a la bodega por una botella de borgoña para la cena. Salió al porche con Fanny, y allí, de pronto, se llevó las dos manos a la cabeza y gritó: "¿Qué es eso?" Y a continuación preguntó rápidamente: "¿Tengo un aspecto raro?" Al tiempo que decía esto cayó de rodillas al lado de su esposa, víctima de un derrame cerebral. Inconsciente, lo llevaron hasta su cama, pero ya no recobró el conocimiento. Las últimas palabras del dipsómano poeta Dylan Thomas fueron: *I've had eighteen straight whiskies. I think that's a record"* (He tomado dieciocho whiskys solos, creo que es un todo un récord). Oscar Wilde, justo antes de morir, exclamó: *"Either the wallpaper goes, or I do"* (O se va el papel pintado o me voy yo). Se fue él. Hay otra versión sobre las últimas palabras de este irlandés irreverente, palabras que van tan bien con el carácter que le hizo famoso, que probablemente sean falsas. Esta versión dice que Oscar Wilde, un poco antes de expirar pidió champagne y cuando le fue traído declaró con humor: "Estoy muriendo por encima de mis posibilidades". ¿Tristes recuerdos del placer perdido? Más lacónico fue Thomas Carlyle: "*So this is Death – well*" (Así que esto es la muerte. Bien). Cuando William Blake, a los setenta y tantos años, se moría, cantaba himnos con el convencimiento del que creía dirigirse "a un país de cacerías intelectuales eternas a las que se podría dedicar con una energía ilimitada" (Czeslaw Milosz). G. Manley Hopkins, poeta autor de **The Wreck of the Deutschalnd**, dijo al morir: "*I am so happy*".

Sir William Erskine fue un militar medio loco que impusieron de ayudante al duque de Wellington durante la Guerra de la Independencia española. El hombre, que había estado dos veces en el manicomio y además se hallaba casi ciego, en la batalla de Sabugal, en 1811, ordenó a sus tropas que cargaran en otra dirección que aquella donde estaban los franceses, y aun así logró la victoria. Erskine se suicidó echándose por una ventana un par de años más tarde; sus últimas palabras, cuando agonizaba en el suelo, fueron: "¿Por qué demonios habré hecho esto?"

Cuando Joseph Conrad murió, se encontraba solo en su habitación, descansando. Su mujer, en el cuarto de al lado, le oyó gritar: "¡Aquí...!", a continuación una segunda palabra ahogada que no distinguió, y luego un ruido. Conrad había caído desde su sillón al suelo. Arthur Conan Doyle murió el 7 de julio de 1930, a los setenta y un años, rodeado de su familia, con una mano en la de su mujer y la otra en la de su hijo. Los miró a todos, uno por uno, pero no pudo decir nada. En su obra **Tristram Shandy**, Laurence Sterne había expresado su deseo de morir lejos de casa, "en alguna posada decente", sin causar preocupación ni molestias a los amigos. Cumpliose su deseo en Londres, donde un testigo relató su último aliento: "Ya ha llegado", dijo Sterne, y levantó la mano, como para parar un golpe. La leyenda atribuye al atribulado Edgar Allan Poe las siguientes últimas palabras: "¡Adiós por toda la eternidad!... ¡Las bóvedas del cielo me aplastan!... ¡Dejadme pasar! ¡Dios ha escrito legiblemente sus decretos en la frente de toda criatura humana!... ¡Los demonios se apoderan de mi cuerpo!... ¡Me meten en prisiones torbellineantes de negra desesperación!... ¡Asesino de mí mismo, entreveo el puerto más allá del abismo!... ¿Dónde está el salvavidas, la canoa del salvamento?... Barco de hierro, mar de cobre... Calma por todas partes... No hay más orillas". Para provenir de un esfuerzo agónico me parece muy largo. Se adivina que está inventado por un hagiógrafo entusiasta, alguien que no ha medido la duración de ese instante postrer. En otra versión se asegura que simplemente exclamó: "*Lord help my soul*" (Señor, ten piedad de mi alma). Considero la primera versión como apócrifa. Saki, uno de los mayores humoristas ingleses, en noviembre de 1916, en un cráter de obús cerca de Normandía, gritó: "Apagad este maldito cigarrillo". Fueron sus últimas palabras, porque un instante después una bala le agujereó el cráneo. Las últimas palabras de James Joyce, según su hija Lucía Joyce, fueron: *"Does nobody understand?"* Lucía Joyce, al comentar estas palabras añadía: "Eso es lo que creo que nadie hicimos, entenderle". Justo antes de morir, Gertrude Stein preguntó: "¿Cuál es la respuesta?". Nadie dijo nada. Ella se echó a reír y dijo: "En ese caso, ¿cuál es la pregunta?". Y murió. Aleister Crowley, mago y oscurantista, vivió los últimos días de su vida en una pensión de Hastings con su segunda mujer Maria Ferrari de Miramar. Se ganaba la vida vendiendo escritos esotéricos. Adicto a la heroína y el alcohol, sus últimas palabras fueron una serie de insultos contra su médico que se negaba a proporcionarle más droga. Murió el uno de diciembre de 1947.

Últimas palabras de músicos:

◙ Rossini, el compositor, abatido de dolores en el lecho de muerte, interrumpió así la lectura de la extremaunción que hacía un cura: "Padre, tiene usted una voz muy bonita". Y murió.

◙ Arthur Rubinstein, enfermo de un mal estomacal incurable, tenía prohibido, entre otros manjares, comer ostras. Un día quiso desquitarse y, entre otros manjares, pidió champagne y ostras. Después de comer y beber divinamente, dijo: "¡Estaban buenísimas!". Y se murió.

◙ Stravinsky cuenta que su padre, conocido bajo ruso, murió cantando. Sus últimas palabras fueron "¡Qué bien me siento! ¡Pero qué bien me encuentro!"

◙ Eduard Grieg: *Bien, si tiene que ser así.*

La pintora Dora Carrington, después de la muerte de Lytton Strachey, se suicidó. Sus últimas palabras no fueron emitidas de viva voz, sino escritas. En la última página de su diario, con una letra infantil, escribió con lápiz una cita de Sir Henry Wotton ("*Upon the Death of Sir Albert Morton's Wife*"):

He first deceased; she for a little tried
To live without him, liked it not, and died.
(El murió primero; ella por un tiempo intentó
vivir sin él, no lo aguantó, y murió.)

Jorge Santayana, que aunque nacido en Madrid fue un norteamericano impasible, cuando se sintió agonizar, exclamó: "¡Que me traigan un teólogo!" El mismo Santayana contaba que su padre se salvó de la muerte en una ocasión pidiendo un caldo de gallina y la extremaunción. Otro norteamericano, Henry David Thoreau murió también con gracia. Cuando un amigo que le asistía en su lecho de muerte le preguntó si creía en un más allá, Thoreau respondió: "A cada momento su mundo" (*One world at a time*). Luego, poco después, musitó dos palabras: "alces... indios". Y murió. Claro que en gracia nadie le gana a Buster Keaton. Estando en su lecho de muerte, alguien, junto a su cama, observó: "Ya no vive". Otro de los allí presentes dijo que para estar seguro había que tocarle los pies, pues la gente muere con los pies fríos". "Juana de Arco, no", dijo Buster Keaton, y quedó muerto. Pero las "últimas palabras" más curiosas que he podido encontrar las profirió Neal Cassady, amigo de

Allen Ginsberg y conductor del autobús de la gira de los Pranksters, célebre banda de rock, quien murió mientras contaba los travesaños de una vía férrea. Sus últimas palabras fueron: 64.928. El escritor y dibujante de tiras cómicas James Thurber, ya en su lecho de muerte, al preguntársele si estaba preparado para morir, replicó: "Sí, porque ahora no es tan fácil como antaño seducir a las chicas". No dijo nada más. El actor Sal Mineo, arruinado, murió apuñalado en 1976, una noche, en un callejón junto al apartamento en que vivía, en el 8563 de Hollyway Drive. Un vecino oyó gritos de socorro, y un final "*¡Dios mío!*" Cuando acudió, Mineo estaba en el suelo, cosido a navajazos. Dícese que Rodolfo valentino dijo antes de expirar: "*¡No bajes las persianas! Me encuentro bien. Quiero que me reciba la luz del sol.*" En la última semana de su vida, Ezra Pound, que casi no hablaba, acudió a la representación de una obra de Teatro No y a una puesta en escena de ***El sueño de una noche de verano***, de Shakespeare, en montaje de Peter Brook. Sus últimas palabras en público (hablaba ya tan poco que puede que fueran las últimas que llegara a pronunciar) las pronunció durante un entreacto de la obra mencionada de Shakespeare. Una admiradora vino a saludarlo. Al irse, el poeta se volvió a los que le acompañaban y dijo: "Bella". Un silencio y luego: "E inteligente también". Otro poeta, Walt Whitman, tenía preparada una frase para la ocasión, pero al final le salió un desmerecedor "Mierda". Dos hombres que se conocieron bien uno al otro -el segundo y el tercer presidente de los Estados Unidos, John Adams y Thomas Jefferson- murieron en el mismo día y en el mismo año, el cuatro de julio de 1826. Las últimas palabras de Adams fueron: "Jefferson aún vive". Cuando el contracultural Timothy Leay supo que iba a morir a causa de un cáncer no operable, organizó "La madre de todas las fiestas" a la que invitó a infinidad de amigos para mostrarles las posibilidades de una muerte sin miedo. Cuando le llegó la hora, sus últimas palabras fueron: "Why? Why? Why? ... Why not? Yeah!"

¿Morir, querido doctor? Eso es lo último que haré.
Últimas palabras de Lord Palmerston

Lauri Viita, novelista finlandés, murió en un accidente de coche en las navidades de 1965. Al principio pensó que no estaba mal herido y dijo: "Lo peor ha pasado". Fue conducido al hospital donde falleció de madrugada. Un joven suicida romántico, el hermano del escultor Gaudier-Brezska, tuvo el detalle de dedicarle al juez este admirable poema:

«Mañana, el fin.
El fin, mañana.
Para mañana el fin.
El fin, para mañana.
Mañana, al fin».

Gherasim Luca (1913-1994) fue un poeta nacido en Rumanía. Se le representa, calvo y vestido de luto, recitando en París "Somos 50 poemas". Una noche, a medianoche, sobre el mostrador de un bar, Luca escribe en una hoja: "este mundo en el que los poetas ya no tienen lugar". Terminada esa carta a la posteridad, se suicidó arrojándose al Sena.

No han faltado las personalidades rusas que han querido legar sus últimas palabras. Cuando agonizaba el egregio bailarín Nijinsky, su mujer, Romola, afanada en reunir auxilios ya inservibles, impidió la aproximación de un sacerdote que pretendía confortar al bailarín; la excusa fue que no quería que su marido se enterase de que estaba muriendo. Al final, en el estertor agónico, Nijinsky, rebajado a común mortal, murmuró: *"Mamasha"* (Mamá). Otra bailarina célebre, la Pavlova, dicen que pronunció como última frase: "Tráiganme el traje de la *Danza del cisne"*. Turgueniev pasó sus últimos días delirando, llamando Lady Macbeth a Pauline Viardot (la García) y reprochándole que le hubiera negado la dicha del matrimonio. Entró en un coma del que sólo salió para decirle a Pauline: "Acércate más. Ha llegado la hora de despedirse como los zares rusos. He aquí a la reina de reinas. ¡Cuánto bien ha hecho!" El escritor Máximo Gorki fallecido el 18 de junio de 1936, justo un mes antes del glorioso alzamiento nacional... fascista, y poco antes de morir dijo lo que al parecer fueron sus últimas palabras coherentes: "...Habrá guerras... Hay que prepararse". Konstantín N. Bátiushkov dejó su testamento poético escrito con carbón en una pared blanca justo antes de morir. Y Nikolai Gogol parece que dijo antes de expirar: "¡Una escalera, deprisa, una escalera!" ¿Para subir al cielo o para descender al averno?

Giacomo Leopardi, el poeta italiano, pocas horas antes de su muerte, terminó de dictar las líneas finales de su poema "la puesta de la luna". Aunque los historiadores aseguran que sus últimas palabras, en plena agonía, fueron para su amigo Antonio Ranieri, y éstas fueron: "Y no puedo verte". Cesare Pavese dejó una nota antes de morir: "Que no haya demasiados cotilleos". Y el escritor triestino Italo Svevo, minutos antes de expirar, pidió un cigarrillo al yerno, que se lo negó. Svevo murmuró: "Sería el último". Fueron sus últimas palabras.

Simón Bolívar murió en una hamaca, huésped de un español de Santa Marta, y sus últimas palabras fueron: "He arado en el mar". Pancho Villa por lo visto andaba siempre con un periodista americano que le escribía todo: discursos, declaraciones, etc. Cuando Villa recibió el balazo mortal, se volvió hacia el periodista y le preguntó: "Amigo, ¿cuáles fueron mis últimas palabras?" Relata Lydia Cabrera que, la madrugada antes de morir, le preguntó a Teresa de la Parra (escritora venezolana) si quería un poco del café que había preparado. Teresa de la Parra le contestó: "Yo comeré una poquita de tierra". Fueron sus últimas palabras. "Moriré -aseguró Machado de Assis en una ocasión- como he vivido, con un libro en la mano". Según José Verissimo, que estuvo con él en sus momentos finales, las últimas palabras del escritor brasileño fueron: "La vida es buena". Una tarde de octubre, a los cuarenta y seis años, Alfonsina Storni dejó su solitaria pensión de Mar del Plata y se internó en las aguas del Atlántico. Con tinta roja sobre papel azul dejó escrito: "Me arrojo al mar". Las últimas palabras de Rubén Darío fueron: "Siento en el bajo vientre como una placa de fuego". Raúl Barragán Sierra, pianista de profesión, vio a Ramón López Velarde en su lecho de muerte y afirma que sus últimas palabras fueron: «Fe, Fe.» El pianista estaba convencido de que se refería a Fe Hermosillo. Pero Juan Villoro dice que lo interesante, para nosotros, es la identidad entre la mujer y la fe. No obstante, Carlos Monsiváis da otra versión de las palabras de Ramón López Velarde. Según él, estas fueron: "Ven madre mía y llora en mis manos, que quiero llevarme tus lágrimas".

Últimas disposiciones de Leopoldo Lugones: "PIDO QUE ME SEPULTEN EN LA TIERRA, SIN CAJA NI NINGÚN SIGNO NI NOMBRE QUE ME RECUERDE. PIDO QUE NO SE DÉ MI NOMBRE A NINGÚN SITIO PÚBLICO. NO REPROCHO NADA A NADIE. EL ÚNICO CULPABLE SOY YO, DE TODOS MIS ACTOS. Tenía sesenta y tres años. Ninguna de sus disposiciones sería respetada.

El poeta peruano César Vallejo murió en París el 15 de abril de 1938. Era viernes santo. Vallejo ya lo había pronosticado en sus versos:

Me moriré en París con aguacero,
un día del cual tengo ya el recuerdo.
Me moriré en París -y no me corro-
tal vez un jueves, como es hoy, de otoño.

Agonizaba en el hospital y, según dicen, se incorporó de pronto y gritó:
-España. .. Me voy a España.

Pero según la viuda del poeta, sus últimas palabras fueron más inesperadas y enigmáticas, más vallejianas:

-¡Palais Royal! -dice que dijo.

Cuando el escritor chileno José Donoso agonizaba, pidió que le recitaran *Altazor*, de Huidobro, y murió en el lecho, escuchando versos de *Altazor*.

En Oriente también son dados a registrar estas sentencias postreras. Así, el escritor japonés Rynosuke Akutawaga, explicó su suicidio con estas últimas palabras: "Una vaga inquietud". Inquietud de un hombre marcado profundamente por la locura de su madre.

Un piloto kamikaze, muerto en combate, en febrero de 1945, con veintiún años, escribió este *haiku* poco antes de subir al avión:

Si pudiésemos al menos caer
como en primavera las flores del ciruelo
¡tan luminosas y puras!

En China, el maestro zen Fu-Chang, antes de morir oyó una ardilla en el techo de su choza y dijo: "Se trata solamente de esto, y nada más". Según su discípulo Ananda, las últimas palabras de Buda fueron: "Obrad sin descuido".

Cuando avanzaban hacia el patíbulo, Li Su volviose hacia su hijo y exclamó: "Ah, si todavía estuviéramos en Shangai, cazando liebres con nuestro perro castaño". No habló más.

Entre los seguidores del zen es costumbre componer en el lecho mortuorio un poema muy breve, que también se denomina "poema legado". Se trata de un postrer saludo de despedida que incluye un resumen de su vida. Se cuenta que Ganto, un maestro zen chino de la época Tang, fue asesinado durante un viaje y su último grito de dolor se considera también un poema legado. La filosofía zen nos ha dejado despedidas memorables. Por ejemplo, cuando Eshun, la monja zen, habiendo pasado ya de los sesenta años, se preparaba para dejar este mundo, pidió a algunos monjes que apilaran leña en el patio del monasterio. Estos obedecieron. Instalándose entonces firmemente en el centro de la pira funeraria, Eshun prendió fuego por los bordes.

"¡Oh, hermana!", gritó uno de los monjes. "¿No hace demasiado calor ahí dentro?"

"Semejante cuestión sólo puede preocupar a una persona tan estúpida como tú", respondió Eshun.

Después de esta última frase, las llamas se levantaron y la monja expiró en su remolino.

Estando Ninakawa en su lecho de muerte, recibió la visita del maestro zen Ikkuyu. "¿Necesitas que te guíe en este paso?", le preguntó éste.

"Vine solo a este mundo y solo me marcho", replicó Ninakawa. "¿De qué podría servirme tu ayuda?"

Ikkuyu respondió: "Si piensas realmente que vienes y vas, esa es tu ilusión. Déjame que te enseñe el sendero en el que no hay idas ni venidas".

Con esas palabras, Ikkuyu había revelado tan claramente el sendero que, con una sonrisa, Ninakawa falleció en el acto.

Pero para despedidas graciosas y ocurrentes la del célebre humorista japonés Ikku. Al presentir que se moría escondió entre sus ropas grandes cohetes y bengalas atándolos debajo de su kimono con el cinturón de seda. Cuando, según la costumbre litúrgica, le colocaron sobre la pira, dio un espectáculo final de fuegos de artificio inesperado y alegre.

En un oriente más próximo, el poeta árabe nacido en El Cairo Ibn Al-Farid (1181-1235), abandonó este mundo con una sonrisa y diciendo: "¡Yo esperaba desde hace mucho tiempo una mirada de Ti! ¡Ay! ¡Cuánta sangre me ha hecho derramar este deseo!" Hassan i Sabbah, el viejo de la montaña, dícese que murió recitando, como un mantra, la frase: "Nada es verdad, todo está permitido".

En el mundo hispánico también es dable encontrar despedidas curiosas, frases o gestos que exponer en ese fúnebre escaparate para la posteridad que es la agonía. Si, como opinaba Ramón Gómez de la Serna, la broma más grande es el morir, no es de extrañar que este pueblo singular sacara coplas alusivas, con su poco (o mucho) de crueldad carpetovetónica, a este trance:

Cuando estaba en la agonía

me dijo mi padre:
«Cierra la puerta, García».
El verduguillo apretó,
mi padre sacó la lengua,
mi madre se impresionó.

El español siempre ha querido tomarse a chufla este difícil paso. Y es que el español siempre ha estado muy orgulloso de dos cosas: su desdeño a morir y la trascendencia de sus bostezos. Sobre el postrer paso se han hecho chistes e ingeniado decires, se han compuesto coplas y discurrido situaciones jocosas. Como esa anécdota que dice que cuando un caballero español de gran sentido del humor se disponía a morir, llegó a verle un amigo pesadísimo, de esos que no se van nunca y alargan las visitas con su charla anodina. El moribundo resistió hasta que ya no pudo aguantar más y le dijo a su visita: "¡Con el permiso de usted voy a entrar en el período agónico!" Y se volvió hacia la pared para fallecer. Uno de los tíos de Andrés Trapiello, aficionado al tute subastado, antes de morir y al despedirse de sus hermanas, les dijo: "la próxima partida en la eternidad". Y murió. También se cuenta que un viejo comentarista taurino, al ir a morir, recordó ese momento en que el matador, al encararse con la suerte suprema, manda que se retiren todos los peones, y dijo a sus deudos, con concisa frase taurina: «¡Dejarme solo!»

Un aragonés entró a ver a un amigo que agonizaba y le dijo: "Conque se agoniza, ¿eh?...".

Max Aub, en sus *Suicidios ejemplares*, cita varias últimas palabras de auto-aniquiladores, de entre las que merecen destacarse: "Pude dar vida, luego me la puedo quitar. Qué los mantenga su abuela". O esta tan celtíbera: "Voy a ver qué pasa". Luis Taboada, un humorista ahora olvidado, cuando llegó la hora de pedir los santos óleos, encargó a quien iba a avisarlos: "Di que los traigan de los mejorcitos, que son para mí". También se cuenta que un granadino, allá en el primer cuarto del siglo XX, al ir a morir dijo a los presentes: "¡Colorín colorao, este cuento se ha acabao!" Y abundan entre los suicidas españoles los que en la carta que dejan para el señor juez, escriben que se matan "porque les da la gana". Pareciera que esta vena formara parte del inconsciente patrio, pues contaba el doctor Marañón el caso de un tipo que se hallaba en coma debido a una encefalitis letárgica; cuando él, rodeado de alumnos, dictaminó que su muerte era segura, el comatoso, desde el fondo de su sueño fatal, respondió: "¡Que te crees tú eso!", y murió al punto. Sin embargo, Don Ramón del Valle-Inclán, si bien de vida esperpéntica y carácter mordaz, cuando murió consumido por el cáncer, un día de Reyes, se limitó a decir: "¡Cuánto tarda esto!" Pero esta sería la versión corta. Hay otra, más literaria, como la que recogió El diario madrileño *El Sol*: "Ayer domingo, a las dos y cinco de la tarde, falleció D. Ramón del Valle-Inclán, que hasta sus últimos momentos tuvo gran entereza. Su muerte fue tranquila. Antes de morir, cuando se le ofrecieron los auxilios espirituales, el Sr. del Vallé-Inclán manifestó: "Ni cura discreto, ni fraile humilde, ni jesuita sabihondo." Como tardase en venir la muerte, decía: "Me muero; pero lo que tarda esto..."»

Federico García Lorca, el día 15 de julio de 1936, cada vez más inquieto por el ambiente convulsionado de Madrid, lee su última obra, *La casa de Bernarda Alba*, a un grupo de escritores, entre los que se encuentran Guillén, Salinas, Alonso, Guillermo de Torre... El 16, convencido plenamente de que se avecinaban graves acontecimientos políticos, decide marcharse a su tierra. Ya en la estación, a punto de partir el tren, dijo a Martínez Nadal, un gran amigo suyo que le acompañaba: "Sea lo que Dios quiera". Éstas fueron las últimas palabras de García Lorca en aquel Madrid maravilloso de sus años felices.

(Rafael Alberti)

Marcelino Menéndez Pelayo, antes de morir, muy previsiblemente, exclamó: "Qué lástima morirse cuando me quedaba tanto por leer". Santiago Rusiñol muere el 13 de junio de 1931 en Aranjuez, a donde regresa, después de una enfermedad, empujado por el afán obsesivo de pintar «sus» jardines por última vez. Había logrado terminar dos cuadros, y trabajó afanosamente en un tercero durante todo el día anterior. Por la mañana, ya agónico, reclamó incoherentemente el lienzo para seguir pintando. Fueron sus últimas palabras. A las 5:07 horas de la tarde del 29 de agosto de 1947, Manolete, herido de muerte, pronuncia sus últimas palabras ante Giménez Guinea: "¡Qué disgusto le voy a dar a mi madre!, ¡Don

Luis, que no veo, no veo nada". En los momentos postreros, el escritor Vicente Blasco Ibáñez, delirando, habla del monumento a Cervantes que ha de levantar en su jardín; pero cuando ve que la muerte ha llegado grita: "¡Es Víctor Hugo! ¡Víctor Hugo! ¡Que pase!". Eran las tres y diez de la madrugada del 28 de enero de 1928.

Pero no nos tomemos demasiado en serio este postrer escaparate, pues no todo lo que se dice que dijeron es verdad, ni se nos dice en muchos casos la verdad. Los hagiógrafos son dados a falsificar en su beneficio estas lapidarias sentencias. Por ejemplo, la versión que dice que cuando al final de su vida a Thoreau le preguntaron si quería hacer las paces con Dios, éste respondió que nunca se habían peleado, parece fruto de su biógrafo más que del agonizante. Según versiones desmitificadoras, y como hemos hecho constar, sus últimas palabras fueron balbuceos entre los que se pudieron distinguir palabras sueltas como "alce" e "indios". Algo parecido a lo que ya hemos comentado sobre Goethe o sobre Sartre y su querida Castor. También pudiera ocurrir que se prefiera ocultar las últimas palabras del deudo, pues su revelación provocaría desdoro. Como en el caso de Beethoven, quien, en este postrer trance, trocó la frase por el gesto: sacudió sus puños cerrados contra la tormenta que en esos momentos descargaba sobre la ciudad. Y qué decir del mayor dramaturgo en lengua inglesa después de Shakespeare, George Bernard Shaw, tan ocurrente en vida. A la hora de su muerte sólo supo pronunciar un insulso: "Voy a morir". Si llega a poner esa frase en boca de alguno de sus personajes, le abuchean la función. En ocasiones hasta es entendible que se quiera ocultar lo que pronunció el finado, como en el caso del almirante Nelson, quien al parecer dijo: "¡Bésame, Hardy!", siendo el aludido el segundo oficial a su mando. O lo que se cuenta de Claudel, quien, según Julien Green, exclamó al morir: "Doctor, ¿cree que habrá sido el salchichón?". El que las recogió y difundió podría haberle evitado el ridículo al fallecido. Ridículas fueron, también, las últimas palabras de Godwin, conde de Essex: "¡Qué me muera al tragar este trozo de pan, si soy culpable!" Últimas palabras desmentidas por sus deudos, que prefirieron divulgar estas otras: "Si esto es morir, es bien fácil". ¿Quién dice la verdad? Otras veces se pierden estos testamentos literarios por falta de previsión. Por ejemplo, se sabe que Einstein dijo algo en el momento de morir, pero lo dijo en alemán, y como la enfermera que lo cuidaba no entendía alemán, la frase se ha perdido. Un colega del genio de la relatividad, el físico Werner Heisenberg, en su lecho de muerte dicen que dijo que tenía dos preguntas para hacerle a Dios: ¿Por qué la relatividad y por qué la turbulencia? Y se dice que dijo: "Creo que por lo menos tendrá respuesta para la primera cuestión". Fueron sus últimas palabras.

Otras veces no son palabras lo que marca el momento de la despedida, sino un gesto, una acción relevante. Como en el caso de Frederick Winslow Taylor, el fundador del taylorismo, que tanto ha influido en la producción mecanizada. En 1942, dando una conferencia, Taylor se enfrió, un enfriamiento que desembocó en una neumonía. Ingresado en un hospital, cada mañana, Taylor se levantaba brevemente de la cama y daba cuerda a su preciado reloj. En su ronda de las 4:30 de la madrugada del 21 de Marzo, la enfermera notó que daba cuerda a su reloj más temprano de lo normal y se preguntó la razón. Cuando acudió media hora más tarde, Taylor estaba muerto. El día anterior había cumplido 59 años.

Juan de Mairena, entrañable personaje de Antonio Machado, no estaba por la labor de ese último dar la nota. Opinaba igual que su maestro: "Decía mi maestro que deseaba morir sin llamar la atención de nadie; que su muerte pasase completamente inadvertida. Un mutis bien hecho -añadía aquel buen farsante-- no debe hacerse aplaudir". No hacerse aplaudir, que frase para decirla antes de morir...

¿Se ha visto alguna vez un héroe que no hable antes de morir?

Para concluir, mi consejo es que no hagamos planes para un momento en el que no sabemos si tendremos humor para pronunciar nuestra ingeniosidad particular o siquiera fuerzas para sacar de debajo del cobertor nuestro *digitus impúdicus*. Bien pudiera pasarnos como al escritor Sarmiento, que solo pedía vivir una hora más, para llegar a ver de nuevo el alba, y no lo logró; el alba, poco complaciente, apareció una hora después de que él hubiese muerto. ¡Desagradecida!

La abuela de Bertha Jensen murió maldiciendo

Ella había vivido toda su vida en puntas de pie, como pidiendo perdón por molestar, consagrada al servicio de su marido y de su prole de cinco hijos, esposa ejemplar, madre abnegada, silencioso ejemplo de virtud: jamás una queja había salido de sus labios, ni mucho menos una palabrota.

Cuando la enfermedad la derribó, llamó al marido, lo sentó ante la cama y empezó. Nadie sospechaba que ella conocía aquel vocabulario de marinero borracho. La agonía fue larga. Durante más de un mes, la abuela vomitó desde la cama un incesante chorro de insultos y blasfemias de los bajos fondos. Hasta la voz le había cambiado. Ella, que nunca había fumado ni bebido nada que no fuera agua o leche, puteaba con voz ronquita. Y así, puteando, murió; y hubo un alivio general en la familia y en el vecindario.

(Eduardo Galeano)

LAPIDARIUM

Los epitafios, esas máximas de ultratumba, aforismos de cementerio, billetes para la posteridad, han sido desde antiguo objeto de estudio por fisgones de cementerio y diletantes de los de antes. Yo quiero aportar mi granito de "granito" esculpido y mostrar aquellos epitafios gravados en tumbas o impedidos por deudos remilgados. Y digo impedidos porque, por ejemplo, la mujer de Malcolm Lowry se negó a inscribir en su lápida el epitafio que su marido había compuesto:

Malcolm Lowry
Late of the Bowery
His prose was flowery
And often glowery
He lived, nightly, and drank, daily,
And died playing the ukulele.

y cuya traducción, prescindiendo de la rima, sería más o menos así:

«Malcolm Lowry / de los últimos del Bowery / su prosa fue florida / y a menudo encendida / Vivió de noche y bebió de día, / y murió tocando el ukelele».

Dentro de los epitafios que sí fueron, el más antiguo que he encontrado corresponde al que daba noticia un periódico en referencia a una tumba egipcia muy antigua recién descubierta: "Thebé, hija de Thelhui, sacerdotisa de Osiris, que nunca se quejó de nada". También era común en las lápidas de los muertos en el antiguo Egipto poner: "Qué Osiris le haya dado agua fresca". (Re)conocido es el epitafio que figuraba en la lápida de los caídos en las Termópilas: "Extranjero, ve y di a los lacedemonios que estamos aquí tumbados, dóciles a la palabra que ellos habían dado".

Sardanápalo, ese ser casi legendario, último rey de Asiria, fue la encarnación del vividor irresponsable. Dícese que sobre su tumba estaba escrito el siguiente epitafio: «He comido, he bebido y me he divertido, nada me era más valioso que una brizna de paja»

Arquímedes fue un entusiasta del número Pi, y al final de su vida quiso que le grabaran en su tumba unas figuras muy veneradas por él: el cilindro y su esfera inscrita, cuyas superficies y volúmenes dependientes naturalmente de Pi, guardan entre sí la proporción exacta de 3 a 2.

También muy antiguo es el de Fu-Hi, funcionario de la dinastía Sui, que mandó grabar para su tumba:

Fu-Hi amó las verdes colinas, las blancas nubes...
Pero, ¡ay!, murió borracho.

Se encontró en la profunda India un epitafio que, por su contenido, debió de ser de un hombre de gran saber. El epitafio decía: "El sabio es aquel que sostiene que el Todo está en la Nada y que la Nada es una pregunta". Enigmático mensaje digno de rumiar.

Abul Alá ibn Abdallah al-Maarrí, un asceta del Islam, quería que le inscribieran sobre su tumba a modo de epitafio: "Esta injusticia que me hizo a mí mi padre nunca se la haré a nadie". Se refería a haber nacido.

El amigo de Durero Willibald Pirckheimer fue el encargado de escribir el epitafio del artista, que dice: "En memoria de Alberto Durero. Todo lo que en él había de mortal está enterrado bajo este túmulo".

Francisco Maurolico (n. 1494) perteneció a una familia de Constantinopla que huyó cuando los turcos se apoderaron de la capital del Imperio bizantino. Hombre de cultura enciclopédica, matemático, astrónomo, poeta e historiador, gozó de gran fama en vida y fue honrado en muerte con una suntuosa tumba sobre la que sus coterráneos grabaron una inscripción exaltando los méritos de quien consideraban el sucesor del gran Arquímedes: "El único verdadero geómetra que ha tenido Sicilia después de Arquímedes".

Otro epitafio antiguo, y célebre, fue el que apareció en 1485 en la Vía Apia al exhumar el cuerpo de una niña romana, bellamente preservado: "Para Tuliola, su única hija, que en nada erró salvo en morir, este monumento fue erigido por su desventurado padre, Cicerón". Este testimonio del amor y la pena del gran estadista republicano sería todavía más impactante si no se supiera que la certera frase central, "quae nunquam peccavit..." indica a los eruditos que el epitafio no puede remontarse a la época del gran Cicerón. O es fraude o trátase de otro Cicerón.

Otro epitafio latino, que se llevaría la palma de lo breve por la sobriedad del texto, es éste:

FUI
DIXI-DE-VITA-MEA
SATIS
(He sido. Ya dije bastante de mi vida)

Epitafio que podría hacerse extensivo a toda la humanidad... muerta.

Pero los epitafios que despiertan más curiosidad son los de los famosos. Y famoso fue en su tiempo el poeta Aretino, cuyo epitafio dice:

Qui giace l'Aretin,
Poeta famoso,
Di tutti disse mal
Fourché di Cristo,
Scusandosi col dir:
«Non lo conosco».

(Aquí yace Aretino, / poeta famoso, / de todos dijo mal, / menos de Cristo, / excusándose al decir: "No le conozco")

Epitafio de un condenado por la inquisición

A finales de 1555 moría Juan Gil, más conocido como Egidio, un predicador que fue condenado por la inquisición. A su muerte, un «catedrático de Carmona» escribió su epitafio, que sólo lució en su tumba de la catedral durante tres años (1556-1559). Originalmente escrito en latín, su traducción era la siguiente: «Oh lector, ojalá te acercaras aquí con las mismas lágrimas con las que, ay, escribimos por la piedad de este varón. Yace aquí Egidio, firme y estable en la virtud, cuyo nombre tiene el sello de Invicto. Fue destacado en las ciencias sagradas y maestro de costumbres, que supo conmover los fríos corazones de la gente. Tortosa, alegre, deseaba que fuera su obispo, pero, cuando ya lo veía cerca, ha de llorar que en su vida se haya cortado el hilo. Fuiste esclarecido en vida; ahora, tú mismo lo eres más aún, y ni Febo en el cielo ve a nadie semejante».

Todo el epitafio movíase en torno a la idea de la luz y del sol, para acabar afirmando que Egidio era el más brillante del cielo. Él era, por tanto, el verdadero *invictus*, triunfador frente a sus enemigos, es decir, los inquisidores.

Como hemos dicho, permaneció en la catedral apenas tres años. La Inquisición volvió a actuar para no dejar memoria de este predicador querido por sus feligreses.

Francisco de Quevedo ostenta este epitafio en su tumba, que es parte de uno de sus sonetos:

¡Como de entre mis manos te resbalas!

Parco en lo que concierne a su epitafio, que quizás no eligió él, Quevedo fue famosos por dedicar epitafios versados o animadversados a enemigos y gente que de dudosa catadura. Veamos dos ejemplos:

Epitafio a Góngora
Este que, en negra tumba, rodeado

Epitafio a un bujarrón
Aquí yace Misser de la Florida,
y dicen que le hizo buen provecho
a Satanás su vida.
Ningún coño le vio jamás arrecho.
De Herodes fue enemigo, y de sus gentes,
no porque degolló los inocentes,
mas porque, siendo niños, y tan bellos,
los mando degollar, y no jodellos,
pues tanto amó los niños, y de suerte
(inmenso bujarrón hasta la muerte)
que si él en Babilonia se hallara,
por los tres niños en el horno entrara.

A Leonardo da Vinci le pusieron el siguiente epitafio en la tumba, aceptado por él en vida, porque lo encontró justo: "Mirator veterum discipulusque memor, defuit una mihi symetria prisca; peregi quod potui. Venian de mihi, posteritas!" (Admirador de los antiguos y discípulo reconocido, una sola cosa me ha faltado: su ciencia de las proporciones. He hecho lo que he podido. Que la posteridad me perdone). Y le perdonamos, qué duda cabe, le perdonamos. Kepler compuso su propio epitafio, que él quería así: "Yo medí los cielos". Vanidosa sinceridad.

En la tumba de Erasmo de Róterdam en Basilea, como reconocimiento a su sentido de la libertad individual, está grabado este lema: "No cedo a nada". Y no cedió. Si alguna vez halagó en sus cartas, escribió Stefan Sweig, fue para poder ser sincero en sus obras.

Sobre la tumba de Newton está escrito este epitafio en latín: *"Hie depositum est Quod Mortale fuit Isaaci Newtoni"* (Aquí yacen los restos mortales de Isaac Newton).

La tumba de Shakespeare, enterrado en Stratford-on-Avon, ostenta como epitafio un enigmático poema que dice:

Good frend for Iesus sake forbeare
to digg the dust encloased heare:
Blese be ye man ty spares thes stones,
and cvrst be he ty moves my bones.

Y que, un poco libremente, se podría traducir como:

Buen amigo por Jesús abstente
de extraer el polvo aquí enterrado
bendito aquel que deje las piedras
y maldito quien retire mis huesos

El epitafio de Richelieu, con toda la mala leche del que lo inscribió, dice: «Yace aquí el gran Cardenal que hizo en vida mal y bien: el bien que hizo, lo hizo mal; el mal que hizo, lo hizo bien». Y es que en Francia venerábase entonces el boato verbal.

El predicador Mr. William Huntington, nacido en 1774, fue célebre por la elocuencia de sus sermones, pero también por ser estos desconcertantes. Por ejemplo, en mitad de un sermón interrumpía su oratoria con exclamaciones del tipo: ¡Cuidado con vuestros bolsillos!, ¡Despertad a ese pecador que ronca en la esquina! ¡Que se calle ese estúpido charlatán! ¡Sacad de aquí a ese perro borracho! ¡Guardaos cuando el ángel pregonero toque la trompeta final! Cuando murió, en su tumba se inscribió el epitafio que él mismo se había preparado y que decía:

"Aquí yace el predicador carbonero,
Querido de su Dios pero aborrecido por los hombres".

El epitafio de Robert Louis Stevenson es un "Réquiem" que había compuesto muchos años antes. Está inscrito en su tumba en Samoa, y dice así: «Bajo el inmenso y estrellado cielo, / cavad mi fosa y dejadme yacer. / Alegre he vivido y alegre muero, / pero al caer quiero haceros un ruego. / Que pongáis sobre mi tumba este verso: / Aquí yace donde quiso yacer; / de vuelta del mar está el marinero, / de vuelta del monte está el cazador".

Françoise Mauriac pidió que se escribiera sobre su tumba un único elogio: "Adoró a Proust". Y Alejandro Dumas (hijo), lleva como epitafio: "Aquí vive el hijo de Margarita Gautier".

El epitafio que Marcel Duchamp escribió para sí mismo puede leerse en la lápida de su tumba: *D'ailleurs, c'est toujours les autres qui meurent.* (Por otra parte, siempre se mueren los otros.)

Epitafio de Stendhal, que tenía pasión por esconderse:
"Arrigo Beyle, milanese"

Rainer Maria Rilke murió de leucemia tras larga agonía en un hospital de Valmont, en Suiza, el 29 de diciembre de 1926, a la edad de cincuenta y un años. Cuatro días después fue enterrado en Rarogne (Raron, en español), bajo el epitafio que con anterioridad había compuesto y elegido:

Rose oh reiner widersprucht Lust
Niemandes Schlaf zu Sein
Unter so viel Lindern

(Rosa, contradicción pura, placer /
de no ser sueño de nadie /
entre tantos párpados).

John Keats deseaba por epitafio, y lo obtuvo, el siguiente verso: "Here lies one whose name was writ in water" (Aquí yace alguien cuyo nombre estaba escrito en el agua).

Otro poeta en lengua inglesa, William Butler Yeats, tiene escrito sobre su tumba:

Cast a cold eye on life, on death.
Horseman, pass by!

(Arroja una fría mirada sobre la vida, sobre la muerte / ¡Jinete, pasa de largo!)

Emily Dickinson, la poetisa que vestía de blanco, ostenta en su tumba, entre verdes trigales y trebolares floridos, este breve epitafio: "Called back" (reclamada). Semeja, esta expresión, la mirada que lanza al soslayo tímido amor.

Otra poetisa, suicida para quien la vida fue rápida y triste, Sylvia Plath, tiene escrito sobre su sepulcro: "Incluso sobre las llamas feroces puede plantarse un loto".

Y ya que hemos traído a escena a una mujer suicida, otra mujer que se quitó la vida, Virginia Woolf, tiene por epitafio:

"Me arrojaré sobre ti,
Invicta y firme, oh muerte"

Y sí, fue hacia ella adentrándose invicta y firme en el río, río que para ella fue muerte. (Casualmente, o no, estas son las últimas palabras de su novela *Las olas*). Tras ser engullida por las aguas, envolvió al mundo literario extensa triste noche.

El idioma de los epitafios

Dr. Johnson: El idioma del país al que pertenece el hombre culto no es el idioma idóneo para su epitafio, que debe estar en un idioma antiguo y permanente. Considere, señor, cómo se sentiría si se encontrase, en Róterdam, un epitafio sobre Erasmo en *holandés*.

Boswell: Por mi parte opino que sería mejor tener epitafios escritos en la lengua del país y en el idioma culto; así tendría la ventaja de ser entendido de forma más universal, al tiempo que se aseguraba su firmeza clásica.

Jack London, el escritor aventurero, ostenta sobre su lápida esta curiosa leyenda: "La piedra que los constructores rechazaron".

El epitafio del autor de relatos de terror H. P. Lovecraft, consiste en el siguiente enigma: "Soy la providencia". Y es que Lovecraft era, también, de Providencia (Providence).

Hermano del anterior en el terror... de ficción, Edgar Allan Poe, tiene escrito sobre su tumba:

Dijo el cuervo:
"Nuncamás"

Curioso es el epitafio que lleva sobre su sepulcro el boxeador Jack Dempsey: "A Gentle man and a Gentleman", un juego de palabras que trataba de retratar a un hombre de carácter apacible y a la vez un caballero.

Ambrose Bierce, que no tenía muy Buena opinión de su editor, sugirió que su epitafio debería decir: "Aquí descansa Frank Pixley, como de costumbre".

A la muerte de Groucho Marx, el *Evening News* londinense le dedicó un epitafio marxiano: «Rufus T. Firefly ha abdicado de su cargo de presidente de Freedonia, el profesor Quincy Adams Wagstaff ya no impartirá más clases en el Huxley College, el doctor Ruga Z. Hackenbush no curará a ningún otro caballo y el capitán Jeffrey T. Spaulding dio por concluido su último safari». No obstante, en su tumba (dicen) figura el siguiente epitafio: "Disculpe que no me levante".

Francis Scott Fitzgerald dejó escrito este epitafio que debería llevar su tumba: "Estuve borracho muchos años, después me morí".

Anthony Burgess, el autor británico de, entre otras novelas, *La naranja mecánica*, tiene escrito sobre su tumba en Mónaco las palabras ABBA ABBA, título de su libro sobre Keats, configuración simbólica de los dos primeros cuartetos de un soneto, y que, de creer a Burgess, significan "Padre, Padre" en arameo, palabras que presuntamente pronunció Jesucristo en la cruz.

Lord Byron gustaba también de rebuscados epitafios. Éste lo redactó para la tumba de su hija Allegra: "I shall go to her, but she shall not return to me" (Samuel, XII, 23) (Yo iré hacia ella, mas ella no volverá a mí). Su afición por este tipo de frases de sentimentalidad pegajosa le llevó a componer incluso un epitafio para su perro Boatswain:

Near this spot
Are deposited the Remains of one
Who possessed Beauty without Vanity,
Strength without Insolence,
Courage without Ferocity,
And all the Virtues of Man without his Vices.
This Praise, which would be unmeaning Flattery
If inscribed over human ashes,
Is but a just tribute to the Memory of
BOATSWAIN, a DOG
Who was born at Newfoundland, May, 1803,
And died at Newstead, Nov 18th, 1808.

Jim Morrison, el cantante ya leyenda, tiene escrito sobre su tumba: "kata ton daimona eay toy", frase griega que, traducida, dice: "Fiel a su propio espíritu".

El epitafio del célebre psicólogo Carl G. Jung, en latín, dice:

Vocatus atque
Non vocatus
Deus merit

Latines que significan "Invocado o no invocado, Dios está presente".

El epitafio de la tumba del matemático alemán Riemann, erigido por sus amigos italianos, termina con estas palabras en alemán: "Todas las cosas trabajan para el bien de los que aman al Señor."

Otro matemático alemán, Ludolph Van Ceulen, dedicó gran parte de su vida a calcular los primeros 35 decimales del número *pi* de forma manual. Esta proeza de 1610 marcó la vida de Ludolph y trascendió a su muerte, pues su aproximación de *pi* fue esculpida en la piedra y coronó su tumba.

En la zona de influencia hispana también existen curiosos epitafios. El escritor mexicano Amado Nervo esperaba en un café de París a una joven con la que había pactado una cita. Pero no apareció, y en su lugar mandó a su hermana a que le dijera al poeta que no podía ir. Al final Amado Nervo se casó con esta "mensajera", que fue el gran amor de su vida y la inspiradora del libro póstumo por el que es todavía recordado, **La amada inmóvil**. Su nombre fue Ana María Luisa Cecilia Deilliez, que recibió tras su muerte esta bellísima dedicatoria/epitafio: "Encontrada en el camino de la vida el 31 de agosto de 1902. Perdida -¿para siempre?- el 7 de enero de 1912". Renglones que fueron, se adivina, con lágrimas escritos.

Epitafio de José Alfredo Jiménez, cantante de rancheras mexicano: "La vida no vale nada"

En la revista argentina Martín Fierro suelen aparecer epitafios curiosos. He elegido dos:

De dos tuertos
Yacen juntos, aquí abajo,
De Iturriaga y Piñero los despojos.
No dieron a la muerte gran trabajo,
Pues sólo tuvo que cerrar dos ojos.

Bajo estas lozas frías
Reposa don Félix ídem.

Epitafio que le hizo un furriel jodón a una mula mañera amiga de dar coces y perteneciente al Regimiento de Montaña del Oeste, en Argentina. Dice así:

AQUÍ YACE LA MULA ORQUÍDEA.
EN SU VIDA COCEÓ A
3 GENERALES
5 CORONELES
10 CAPITANES
20 SARGENTOS
102 CONSCRIPTOS Y A
1 GRANADA

(Tomado de Juan Filloy)

Ese don Juan sevillano que se llamó Miguel de Mañara, y a quien cantara en sus versos Antonio Machado, hizo inscribir en la losa de su tumba el siguiente epitafio: "Aquí yace el peor hombre que en el mundo ha existido". Para ese villano sevillano, mercero de la moral, la vanidad era un atavismo.

A José Cadalso, el conde de Noroña le labró el último epitafio en un poema:

Aquí yace Cadalso a quien amaron
Marte, Palas y Apolo, y cuya muerte
amigos y enemigos lamentaron.

En nuestro país existen lápidas con descripciones insólitas o henchidas de ese realismo agrícola de nuestro paisanaje. Ramón Gómez de la Serna asegura haber visto la siguiente lápida:

Aquí yace Juan Pereira.
Murió porque quiso;
que si no quisiera, no muriera.

También aseguró Gómez de la Serna que la peor maldición que había visto escrita la leyó en la lápida de un sarcófago de catacumba: «Si alguien, impío, profana esta sepultura, que muera el último de todos los suyos».

O esta otra, recogida en un periódico, quizás achacable el chiste a un cincelador descuidado:

Anastasia Dolores de Canilla
1965-2001
de su yerno:
Felicito Vidal
"Descanso en paz"

En 1952 murió Enrique Jardiel Poncela en Madrid. Tenía cincuenta años. Su hija Evangelina puso como epitafio en su nicho: «Si queréis los mayores elogios, moríos».

Andrés Trapiello cuenta que en el cementerio de los Ingleses, en Málaga, descubrió la tumba de una recién nacida, que había vivido sólo unos días. La lápida decía: «A Violette»; debajo se hacía constar la fecha de su nacimiento y la de su muerte, apenas unos días. Y debajo esta inscripción en francés: «Ce qui durent les violettes».

Epitafio que puede leerse en algunos camposantos de Galicia:
«Aquí están os nos osos, agardando polos vosos.»

Los hombres, desde siempre, hemos cometido estupideces tratando de divertir a la gente. Un ejemplo de esto es la vieja creencia de que los epitafios resumían una vida y hasta la justificaban. Desde la antigüedad clásica, la gente se ha esforzado en buscar para sí misma los mejores epitafios. Reconozco que hay diez o doce poetas griegos y latinos que lograron verdaderas joyas. Pero yo me quedo con el que a mí me parece el epitafio más genial, moderno y bien provisto de humor. Lo encontré en un cementerio inglés, y decía simplemente: "Sin comentarios".

(E. Vila-Matas)

Geoffrey Madan en sus **Cuadernos**, cita un epitafio muy simple: "Amigos míos, pensad que duermo". Y es que la banalidad, a veces, es una inteligencia.

El escritor satírico y critico Robert Blenchey sugirió el siguiente epitafio a la muerte de cierta actriz hollywoodense: "Por fin duerme sola".

Epitafio del dramaturgo estadounidense George S. Kaufman: "¡Por encima de mi cadáver!" (Over my dead body!)

John Berryman, poeta, el 2 de enero de 1972, a los cincuenta y siete años, salta desde un puente a las aguas del Mississippi. Hijo de padre suicida, quería que sobre su tumba se grabase esta inscripción: "¡Fantástico, fantástico! Gracias Señor Amado".

Recoge Ramón J. Sender que William Faulkner le contó que a una negra que nació esclava en su casa, y que vivió cien años, la enterraron bajo una lápida que decía: *To the black Mam from her white children*".

A continuación, un epitafio para aquellos capaces de una risa de oro.

Epitafio del coronel Francis Chartres, muerto en Escocia, en 1732.
Sigue corrompiéndose AQUI
EL CUERPO de FRANCIS CHARTRES,
Que, con INFLEXIBLE CONSTANCIA,
E INEVITABLE UNIFORMIDAD de Vida,
PERSISTIÓ
A pesar de las ENFERMEDADES y de la VEJEZ,
En el Ejercicio de TODOS LOS VICIOS HUMANOS,
Salvo la PRODIGALIDAD y la HIPOCRESIA.
Lo preservó de la primera, su insaciable AVARICIA,

De la segunda, su incomparable DESCARO. No fue menos eminente en la constante *Depravación* de sus *Costumbres* Que certero En la Acumulación de RIQUEZAS, Porque, sin PROFESION ni OFICIO, Sin el MANEJO de DINEROS PUBLICOS, y sin un CARGO que justificara el SOBORNO, Adquirió, o, mejor dicho, creó UNA FORTUNA DE POTENTADO. Fue la única Persona de su Tiempo, Que supo DEFRAUDAR sin la Máscara de la DECENCIA y conservar su MEZQUINDAD prístina Cuando tuvo MILLONES. Habiendo merecido en todos sus días la HORCA por lo que *hizo* Finalmente fue condenado a ella por lo que *no pudo hacer.* ¡Oh, Indignado Lector, No creas que esta Vida ha sido inútil para los Hombres! La PROVIDENCIA hizo prosperar al MAS INDIGNO DE TODOS LOS MORTALES Y fue Cómplice de sus execrables Designios, Para dar a la Posteridad Una PRUEBA y un EJEMPLO insignes Del ínfimo valor que tiene
Una RIQUEZA ENORME A los ojos de DIOS.
(Recogido de Adolfo Bioy Casares)

Emotiva me resulta la lápida del poeta danés Michael Strunge, quien el domingo 9 de marzo de 1986, a los 27 años escribió su nombre en la puerta de su departamento del cuarto piso en la calle Webers en el barrio Østerbro de Copenhague y se lanzó por la ventana voceando: "Miren, puedo volar". Algunos testigos aseguran que sufría una profunda psicosis y no sabía lo que hacía. Otros dicen que realmente creía que podía volar. Fue enterrado con sencillez protestante en el viejo cementerio Assistens de Copenhague, donde también descansan H. C.

Anderssen, el escritor de cuentos infantiles, y Sören Kierkegaard, el filósofo existencialista. La lápida de Strunge es una piedra sobre la que se inscribe con letras de metal: "Michael Strunge, Vapnats med vingar (Armado con alas)".

También es emotivo el epitafio de *Tian,* nombre literario de la poetisa Karoline Günderode. Eligió como epitafio de su tumba la serenidad de unos versos hindúes que conocía por Herder: "Tú, tierra, madre mía, y tú, soplo, mi nodriza, / Sagrado fuego, amigo mío, y tú, oh hermano torrente, / Y mi padre, el éter, a todos con veneración / Doy gracias; ahí he vivido con vosotros / Y ahora parto al otro mundo, con gusto os dejo. / Adiós, hermano y amigo, padre y madre, adiós».

Quien no pudo tener epitafio fue el gran músico Enrique Granados, que murió en el barco «Lusitania» atacado por los alemanes en tiempos de la Primera Guerra Mundial. Pero su esquela, que apareció en la prensa conteniendo un singular *lapsus cálami,* bien vale por imperecedero epitafio: «Descanse en pez».

A menudo las lápidas no recogen lo que sus moradores hubiesen querido. Son muchos los personajes que antes de morir ya adelantan su lápida, no sé si como *memento mori* o por previsión. Uno de estos casos fue el de Julio Ramón Ribeyro, novelista peruano, quien dejó escrito: Hace unos días, en una de esas caminatas de la oficina a casa en este otoño frío, me vino el primer verso de mi epitafio y llegando a Place Falguiére, lo escribí. Ahora lo transcribo:

Como barco que sale en busca del naufragio
Levo anclas cada día para hacerme a la vida

No temo ni avería mar brava o mal presagio
Otros antes jugaron semejante partida
Mi arrojo no demuestra más que el arte del plagio
Si zozobro qué importa en mi tumba perdida
Que pongan vino rojo el aire de un adagio
Una pluma quebrada y el verso de un suicida.

Reinaldo Arenas, el disidente cubano, escribió un epitafio para su tumba que finalmente no se inscribió. Era este:

Y cuando ya se bamboleaba surgía una ventana
por la cual se lanzaba al infinito.
No quiso ceremonia, discurso, duelo o grito,
ni un túmulo de arena donde reposase el esqueleto
 (ni después de muerto quiso vivir quieto).
Ordenó que sus cenizas fueran lanzadas al mar
donde habrán de fluir constantemente.
No ha perdido la costumbre de soñar:
espera que en sus aguas se zambulla algún adolescente.

-Cómo tú sabes cosas, tú -dijo ella, hablando habanero.
-¿Tú sabes cómo dirá mi epitafio que será mi tarjeta de visita al más allá?
-Estoy loca por saberlo.
-«Sabía demasiado.» ¿Qué dirá el tuyo?
-Estará en blanco. No dirá nada. No merezco un epitafio.
    (Guillermo Cabrera Infante, *La ninfa inconstante*)

Nicanor Parra, el poeta chileno, también dejó escrito un epitafio, una detallada descripción de sí mismo, por lo que pudiera ocurrir (y ocurrió):

EPITAFIO
De estatura mediana,
Con una voz ni delgada ni gruesa,
Hijo mayor de un profesor primario
y de una modista de trastienda;
Flaco de nacimiento
Aunque devoto de la buena mesa;
De mejillas escuálidas
y de más bien abundantes orejas;
Con un rostro cuadrado
En que los ojos se abren apenas
y una nariz de boxeador mulato
Baja a la boca de ídolo azteca –
Todo esto bañado
Por una luz entre irónica y pérfida
Ni muy listo ni tonto de remate
Fui lo que fui: una mezcla
De vinagre y de aceite de comer
¡Un embutido de ángel y bestia!

Manuel Machado, en un acto de injerencia fúnebre, redactó un epitafio para su amigo Alejandro Sawa:

Jamás hombre más nacido para el Placer,
fue al dolor más derecho.
Jamás ninguno ha caído con facha de vencedor
tan deshecho.
y es que él se daba a perder como muchos a ganar.

y su vida,
por la falta de querer
y sobra de regalar
fue perdida.
¿Es el morir y olvidar
mejor que amar y vivir?
¿y más mérito el dejar
que el conseguir?

Otro caso de escritor que adelantó su lápida fue Silverio Lanza. En una de sus obras describe lo que le gustaría que contuviera:

AQUÍ YACE SILVERIO LANZA
Murió de un beso
R. I. P.

Armando Buscarini, excéntrico y poeta, o viceversa, compuso en un poema un epitafio a sí mismo, donde asoman inconfundibles delirios de grandeza:

«En este valle de lágrimas y traiciones hizo que vivió y pasó como un meteoro de luz el poeta del cariño y de la fraternidad. Todos le echamos la pellada encima para que más se hundiera y se manchara. Descanse en paz".

Otro previsor fue Clément Cadou, personaje que renunció a escribir a los diecisiete años. Para rellenar el vacío se dedicó a pintar. Pintó muebles, sólo muebles, y todos los cuadros llevaban el mismo enigmático y repetitivo título: "Autorretrato". Pues bien, este no-escritor, sabiendo que iba a morir, dejó escrito para su tumba un breve epitafio que pidió a su familia que se considerase sus "obras completas". El epitafio reza así: "Intenté sin éxito ser más muebles, pero ni eso me fue concedido. Así que he sido toda mi vida un solo mueble, lo cual, después de todo, no es poco si pensamos que lo demás es silencio".

El epitafio de Leonardo Sciascia lo sacó de un texto de Villiers de L'Isle-Adam: "Ce ne ricorderemo, di questo planeta" (Nos acordaremos de este planeta).

No he encontrado el epitafio de Voltaire, pero sí sé el que le correspondería a este irónico filósofo: "Perdono de todo corazón a todos aquellos de quienes me he burlado".

Recogido por Ramón Gómez de la Serna, un tal Don Abelardo López de Ayala, que era gran tosedor, dijo un día a sus amigos, que en vez del "Yace en paz" pusiesen en su lápida "Cesó de toser". Ignoro si los amigos cumplieron el deseo.

Don Anacleto Bendazzi fue un sacerdote nacido cerca de Rávena en 1883 que desarrolló sus actividades eclesiásticas con una desenvoltura lingüística tan notable que los raveneses llegaron a acuñar el verbo "bendazzegiari" para designar ciertas extravagancias verbales típicas de este predicador. Bendazzi prefería, de entre todas las figuras ludolingüísticas, los anagramas. Y así, su epitafio consta de tres parejas de anagramas: "Lepida-Lapide Putredine-D'un Prete, Storico di-Cristo Dio".

Alexander Pope, en su autobiografía titulada *Life*, adelantó este epitafio: "Esa larga enfermedad, mi vida".

Curioso epitafio que figura en la catedral de Elgin
"Here lie I Martin Elginbrod, Have mercy on my soul, Lord God; As I would do, were I Lord God, And ye were Martin Elginbrod.
(Aquí yazgo yo, Martín Elginbrod, Ten piedad de mi alma, Señor Dios, Como hubiera tenido yo, si fuera Dios y Tú Martín Elginbrod.)

Otro ejemplo de epitafio escrito en vida y no consumado en la práctica fue el del joven impresor Benjamin Franklin. Viendo epitafios escritos por otros, compuso uno para él. Pero no dio las necesarias instrucciones y así, en su tumba, sólo figura su nombre y el de su esposa y una fecha: 1790. El que él había preparado era:

Benjamín Franklin, Impresor
(Como la cubierta de un viejo libro,
su contenido ajado,
y despojado de su texto y dorados),
yace comida para gusanos:
Pero la obra en sí no se perderá,
porque aparecerá (eso cree) de nuevo
en una nueva
y más bella edición
corregida y mejorada
por
El Autor

Franklin era de los que gustaba vestir de bulto bello al sueño sombra.

Jorge Wagensberg, hombre dado a los estremecimientos de la ciencia, dijo que le gustaría llevar por epitafio esta breve frase: "a la salud del último ser, aún vivo, que me haya conocido personalmente..."

Y el filósofo alemán F. H. Jacobi solicitó por epitafio la siguiente frase: "¡Que mi último honor sea el recuerdo en el corazón de un amigo!"

Epitafio del actor W. C. Fields:

A PESAR DE TODO, PREFERIRIA ESTAR EN
FILADELFIA

Epitafios de la Praga judía

No podemos abordar el asunto de los epitafios sin traer a colación las lápidas de uno de los cementerios más famosos del mundo: el cementerio judío de Praga. En él, las lápidas ostentan una copiosa simbología. Siguiendo el libro *Praga Mágica*, de Angelo María Ripellino, las manos que bendicen son el signo de los «kóhánim», los sacerdotes: la jarra y la bacineta el signo de sus coadjutores, los «lévíím». Unas tijeras indican la tumba de un sastre, una pinzas la de un médico, un mortero con su mano la de un especiero, un arpa a un maestro de música, un libro a un impresor, un «etróg» a un vendedor de cedros para la fiesta de Sukót. Un racimo representa sabiduría y fertilidad, una escenita en el paraíso quiere decir que en aquel sepulcro descansa una mujer de nombre Chava (Eva), y una rosa indica a una Rosa, y las imágenes de animales, todo un muestrario de bestias (ciervo, oso, lobo, león, zorro, gallo, paloma, carpa, oca), designan apellidos ferinos.

Además del nombre del muerto y de su título y de su profesión en el momento de la defunción y de las exequias, las lápidas encierran epítetos, frases estereotipadas de elogio y de buenos deseos para la vida eterna -en verso o en prosa rimada-, y fórmulas de duelo sacadas de la Biblia y de la literatura rabínica.

Estos "caprichosos jeroglíficos" fascinaron a bastantes escritores, entre ellos al judío más famoso de Praga: Franz Kafka. Josef K., en un breve relato del mencionado autor, realiza, en sueños, una visita a un cementerio, que sin duda puede identificarse con el del barrio judío. En él encuentra a un artista con gorro de terciopelo, el cual, con un lapicero corriente, escribe en letras doradas, a grandes rasgos: "Aquí yace" sobre una losa, la misma bajo la cual se deslizará, poco después, Josef K, quien describe así la extraña escritura: "Cada letra aparecía nítida y bella, profundamente grabada, y toda de oro".

Pero los epitafios no sólo sirven para condensar, en máximas estereotipadas, originales o insólitas, la vida, logros o aspiraciones de los fallecidos; también sirven para inspirar a los vivos, como fuera el caso de Luis Ram de Víu, poeta con poses baudelerianas, considerado en su tiempo el "poeta de los muertos", pues buscaba la inspiración en los cadáveres y emborronaba sus cuadernos sobre las lápidas de los cementerios.

Otra utilidad de los epitafios, advertida en tiempos ya lejanos por el escritor irlandés Jonathan Swift, hombre práctico y con preocupaciones sociales, podría ser el recaudatorio. Así en su relato *Hospital para incurables*, Swift propugna, a mi parecer con buen criterio, lo siguiente:

"Como otra fuente de ingresos más para nuestra fundación, yo crearía un impuesto sobre todas las inscripciones en lápidas, monumentos y obeliscos erigidos en honor de los muertos, o sobre pórticos y trofeos en honor de los vivos, pues éstas se encuentran naturalmente y en puridad en la categoría de mentiras, orgullo, vanidad, etc.

Y si todas las inscripciones de este reino fueran imparcialmente examinadas, al objeto de gravar aquellas que parecieran manifiestamente falsas o expresaran adulación, estoy convencido de que ni tan sólo una quinta parte de todas ellas, tras el escrutinio, quedaría exenta.

Muchos espíritus ambiciosos y turbios se verían elevados a todo lo contrario, con el título de «Amante de su país», y muchos jueces de Middlesex impropiamente descritos como «Descansa con la esperanza de la salvación».

Muchos usureros desacreditados por los calificativos de «honrado» y «sencillo», y muchos abogados por los de «concienzudo» y «equitativo».

Muchos hombres de Estado y generales británicos, pudriéndose con más honor del que tuvieron en vida; y el polvo en que se conviertan, distinguido con mejor reputación de la que gozaron mientras estuvieron vivos.

Muchos párrocos lerdos, impropiamente tratados de elocuentes; y otros tantos médicos, impropiamente llamados eruditos".

He considerado que merecía la pena extenderme en este punto. Sólo añadir que Swift, por fortuna, y por época, nunca llegó a conocer el conmovedor epitafio que Lord Byron compuso para su perro. Presumo que la gabela por este epitafio superaría la del simple abogado, y llegaría, supongo, al nivel de la del general inglés. Su sátira es, a mi entender, la mayor denuncia, hasta ahora, de los falsos centinelas del eterno descanso.

Las esquelas, en España, poseen una clara vinculación con los epitafios, siendo algunos de ellos, epitafios en verso, como la siguiente: "La deuda que al nacer / contrajeron los mortales / pagó dejando de ser / Pedro Alcántara Corrales". Como bien dijera Carandell: "Las esquelas se sirven en España con el desayuno". Así, uno puede desayunarse acunado de prosa necrológica, del tipo: "Arrodilló su alma ante Dios...", o ésa, algo antigua ya: "Se durmió plácidamente en los brazos del Señor". El semanario *El Adelanto Bañezano* publicó una esquela sonada en el 1938 aniversario de Jesús de Nazaret, "que murió crucificado en Jerusalén a los treinta y tres años de edad, después de dar (no de recibir) todos los sacramentos. Su desconsolada madre; María, tíos, primos y demás familia"

(Tomado de Luis Carandell, *Celtiberia Show*).

De haber conocido Carandell este epitafio de una tumba mexicana, a no dudar lo hubiera incluido en su **Celtiberia Show**. El epitafio dice: "Rosita tuvo suerte / de los tres tiros que le dieron / sólo uno fue de muerte".

Finalicemos esta digresión con una carta-poema dirigida a los hacedores de epitafios, reconviniéndoles, de parte de uno de los mayores poetas de los reinos de Castilla, el preclaro Lope de Vega y Carpio.

Tú, que epitafios a los vivos haces,
y en tu imaginación muertos los tienes;
¿qué exequias para ti, qué honras previenes?
Pero si no las tienes, no las traces.
Todos yacen por ti. Tú, ¿por quién yaces?
¿Qué funesto ciprés das a tus sienes?
¿Qué mal dirás de ti? Porque los bienes
vendrán aun a ti mismo pertinaces.
No es bien que vivos como muertos trates,
y aun muertos con libelos descubiertos:
no es tanta tu virtud que lo presuma.
Pues que no los heredas, no los mates:
que abrir las sepulturas a los muertos
más es del azadón que de la pluma.

No creo faltar a la verdad si aseguro que el epitafio preferido de casi todo el mundo sería aquel que dijera algo así: "Aquí no yace...", o "Todavía no yace...". Y en esos puntos suspensivos, nuestro nombre en alarde existencial.

Corolario I
El epitafio como forma poética

Al leer poesía he comprobado que muchos poetas incluyen, en sus poemarios, poemas que responden al título "Epitafio". No suelen indicar si se refieren al que les hubiera gustado que ostentase su tumba, o simplemente es una nueva forma poética. Me inclino por esto último, porque no se conforman con escribir uno o dos sino que a veces los prodigan como si de una forma poética semejante a la quintilla o el soneto se tratara. A continuación presento mi particular colección de epitafios como forma poética:

Comienzo por Jenaro Talens, poeta de amplio estro:

Epitafio

yesca me han hecho de invisible fuego
FRANCISCO DE LA TORRE

Fui un viejo juglar, y conté historias.
Mi nombre os es indiferente.
Sólo dejo constancia de mi oficio
porque fue oficio quien dictó mis versos
no la pequeña vida que viví,
ni su dolor, ni su insignificancia.
Ella murió conmigo, y aquí yace,
desnuda como yo, bajo esta piedra.

La poetisa peruana Blanca Varela tiene este precioso epitafio:

Epitafio

Esto es hoy, algo perdido.
Brilla el césped.
Cae una hoja
y es como la señal esperada
para que vuelvas de la muerte
y cruces con resplandor
y silencio de estrella
... mi memoria.

José Ángel Valente tiene este epitafio a la memoria de su maestro y amigo Alberto Jiménez Fraud:

Epitafios

Alberto Jiménez Fraud, en memoria

Rodeado de cuanto,
hostil o indiferente, amenazaba la verdad de su vida,
en tal verdad su fe mantuvo.
Fue ajeno por igual
al halago mezquino o al menosprecio del que a expensas tal vez de él y de otros a inmerecido monumento optaba.
Testigo de más fe, para hacemos más libres,
guardó de las palabras
en tiempo de mentira
la fuente verdadera.
Libre fue ante la muerte con libertad que sólo
su propia vida pudo darle.
Y así en su claridad, en su fe y en nosotros,
sobrevive.

Hasta tres he encontrado en un sólo libro del poeta asturiano José Luis García Martín:

APUNTES PARA UN EPITAFIO AL POETA
SUECO STAGNELIUS (1793-1823)
No hubo brillo en mi vida. Copiaba,
pane lucrando, tediosos documentos.
Otra mujer no tuve sino la que, sin rostro,
en el prostíbulo me avivaba la sed.
El opio fue mi amante, y una noche
dejé que me llevara para siempre consigo.
No hubo brillo en mi vida. Sólo brillan mis versos.

OTRO EPITAFIO
¿Y fue vida la mía? Yo tan sólo recuerdo
el borroso manchón de los días iguales,
la ajena juventud, la lluvia, la desgana,
este traje raído que sin pena abandono.

EPITAFIO
(Anites)
Este hombre, vivo, no era nadie;
ahora vale tanto como el gran Darío.

Vicente Huidobro fue pródigo en dejar epitafios en sus obras, sobre todo en su obra más ambiciosa: *Altazor*:

Aquí yace Altazor fulminado por la altura.
Aquí yace Vicente, antipoeta y mago.
Aquí yace Marcelo mar y cielo en el mismo violoncelo
Aquí yace Rosario río de rosas hasta el infinito

Y como no podía ser de otra forma, su epitafio está elaborado con un fragmento de un de sus poemas:

"Aquí yace el poeta Vicente Huidobro
 Abrid su tumba
debajo de su tumba se ve el mar."

Ramón Gómez de la Serna, si bien no suele incluírsele en el elenco de los poetas (vaya usted a saber por qué), también dedicó un poema epitafio, precisamente, a un poeta:

EPITAFIO
-En esta piedra yace un mal cristiano.
  -Sin duda fue escribano.
-No, que fue desdichado en gran manera.
  -Algún hidalgo era.
-No, que tuvo riquezas y algún brío.
  -Sin duda fue judío.
-No, porque fue ladrón y lujurioso.
      -Ser ginovés o viudo era forzoso.
-No, que fue menos cuerdo y más parlero.
  -Ese que dices era caballero.
-No fue sino poeta el que preguntas,
  y en él se hallaron estas partes juntas.

Dejadme en paz.

Corolario II
Los epitafios de Don Quijote

La obra cumbre de Cervantes finaliza con una serie de epitafios que distintos personajes de la obra dedican, en apoteosis parnasiana, al Caballero de la Triste Figura. Son estos.

EL MONICONGO, ACADÉMICO DE LA ARGAMASILLA,
  A LA SEPULTURA DE DON QUIJOTE
Epitafio
El calvatrueno que adornó a la Mancha
de más despojos que Jasón de Creta;
el juicio que tuvo la veleta
aguda donde fuera mejor ancha;
el brazo que su fuerza tanto ensancha,
que llegó del Catay hasta Gaeta;
la musa más horrenda y más discreta
que grabó versos en broncínea plancha;
el que a cola dejó los Amadises
y en muy poquito a Galaores tuvo,
estribando en su amor y bizarría;
el que hizo callar los Belianises,
aquel que en Rocinante errando anduvo,
yace debajo desta losa fría.

DEL CACHIDIABLO, ACADÉMICO DE LA ARGAMASILLA,
EN LA SEPULTURA DE DON QUIJOTE
Epitafio
Aquí yace el caballero

bien molido y malandante
a quien llevó Rocinante
por uno y otro sendero.
Sancho Panza el majadero
yace también junto a él,
escudero el más fiel
que vio el trato de escudero.

El bachiller Sansón Carrasco, por último,
también escribió un epitafio a Don Quijote:

Yace aquí el hidalgo fuerte
que a tanto estremo llegó
de valiente, que se advierte
que la muerte no triunfó
de su vida con su muerte.
Tuvo a todo el mundo en poco,
fue el espantajo y el coco
del mundo, en tal coyuntura,
que acreditó su ventura
morir cuerdo y vivir loco.

*A su muerte a los 63 años, la escritora Dorothy Parker dejó
como epitafio:
"Perdonen ustedes por el polvo"*

<h1 style="text-align:center">Corolario III
Epitafios de seres de ficción</h1>

Repasemos algunos epitafios que aparecen en ciertas novelas. En *Tirante el Blanco*, se dice que el caballero aspiraba a que la posteridad lo recordase como enamorado, no como guerrero, por eso pide que su tumba lleve la siguiente inscripción: «Aquí yace Tirante el Blanco que murió por mucho amar».

En *Palinuro de México*, de Fernando del Paso, se dice: "El gran cirujano, cuando apenas tenía veinte años como el joven Werther, o novecientos setenta y cinco como Matusalén, se voló la tapa de los sesos en esa su última vida, destruyendo para siempre su cerebro. Cuando escriba el cuento, le dije a un vendedor de paletas heladas, voy a poner en el epitafio de su tumba la frase: "vi a los gusanos heredar los prodigios del ojo y del cerebro", tomada de la famosa novela *Frankenstein o el Moderno Prometeo* de Mary Shelley.

En su novela Tristram Shandy, Laurence Stern escribe: "Ahora yace enterrado en un rincón del cementerio de su iglesia, en la parroquia debajo de una lápida de mármol liso que su amigo Eugenius, con el permiso de sus verdugos, colocó encima de su tumba con tan sólo estas tres palabras inscritas, que le sirven tanto de epitafio como de elegía:

¡Ay, pobre YORICK!

Cuando él rechazó la suma, ella (Clite) colocó la

herrumbrada cajita de hojalata llena de moneditas y arrugados billetes de banco sobre su escritorio y salió del despacho sin decir una sola palabra. También tuvo que apartar un montículo de agujas de cedro para leer la inscripción de aquella lápida, y vio aparecer las letras bajo su mano, y se maravilló en silencio de que hubieran permanecido, de que no hubieran caído reducidas a cenizas en el instante en que resonó la dura amenaza implacable:

Judit Coldfield Sutpen.
Hija de Elena Coldfield.
Nació el 3 de octubre de 1841.
Padeció las indignidades y asperezas de este mundo
por espacio de 42 años, 4 meses y 9 días.
Descansó por fin el 12 de febrero de 1884.
¡Detente, mortal!
¡Acuérdate de la vanidad y las locuras del mundo,
y medita!

(William Faulkner, *¡Absalón, Absalón!*)

Corolario IV
Epitafios para Franco

Es costumbre arraigada el dedicar epitafios ficticios a dictadores y genocidas. Aquí recogeré tan sólo dos poemas epitafios dedicados a Francisco Franco, ese de la España una, enorme y a sus anchas.

Para Franco
En tres versos solamente
cabe la bala que a un hombre
puede partirle la frente.

Versillos que son metralla,
coplas que pueden de pronto
ganar hasta una batalla.

Pero si es para el Caudillo,
quiero una copla que lleve
en cada verso un cuchillo

(Rafael Alberti).

Al general Franco
Católico-apostólica alimaña,
itálico- teutónica- marrueca
hijo ya de la Loba o de la clueca,
que un traidor con su propia madre ensaña.

Se falangea, inflado de patraña,
a Benito, imitándole la mueca,

y al eje Berlín, Roma, Burgos, Meca
entrega el cuerpo claro de mi España

(Pedro Salinas).

Juan García Hortelano también compuso una dura sátira a la agonía y muerte de Franco, pero es más conocido por este soneto dedicado a Manuel Fraga, fiel escudero del dictador:

Fue liberal Licurgo de la Prensa,
con si artículo dos y su queimada,
y recibió cerveza y embajada
a modo de estipendio y recompensa.
Hace un tremendo ruido cuando piensa
—aunque pensar no piensa nada—
y vuelve en maratón cada jornada
porque la nada sea más intensa. (…)

En la tumba de Evita Perón: "Volveré y seré millones"

SER O NO SER

Ser supera al entendimiento, ser da miedo.
(E. M. Cioran)

El ser, el existir, es el tema filosófico por excelencia. ¿Quiénes somos? ¿De dónde venimos? ¿Hacia dónde vamos? ¿Quién ganará este año la liga? Preguntas fundamentales que la mayoría de los hombres se formulan diariamente, a excepción de las tres primeras. O quizás fuera más pertinente formular la pregunta a la manera de los científicos modernos: "¿Por qué hay algo en lugar de nada?". Pregunta a la que nuestro irónico escepticismo podría contestar con otra pregunta: "¿Y por qué no?"

Pero, ¿cómo ven los hombres insignes su propio ser, su existir? Marco Aurelio decía: "Esto es todo lo que soy: un poco de carne, un breve hálito vital, y el guía interior". Ese hálito vital siempre me ha intrigado, me ha parecido la forma más poética de definir eso que se ha venido denominando alma, que es una palabra con regusto a sotana y huele a convento, a cerrado, y no me gusta. Otros autores reducen al mínimo la definición del ser y, así, para Cesare Pavese somos mero hábito, para Emilio Lledó somos esencialmente memoria, para Fernando Pessoa existir es vestirse y para Cioran existir es un plagio. Abbie Hoffman afirmaba que ni nosotros ni la Bolsa existimos, que somos tan sólo rumores. Pero con esos rumores, advierto, hacen su agosto los especuladores de la vida, que reciben substanciales dividendos y mangonean las cotizaciones existenciales a su gusto. *Brokers* del ser, a lo largo de la historia han recibido estos especuladores múltiples nombres: hechiceros, sacerdotes, reyes, filósofos, políticos. Para Jean-Paul Sartre la existencia es una sumisión y para Cioran (de nuevo) el ser es una perversión del no-ser. En otra ocasión Sartre, existencialista al fin (no sé quien dijo que el existencialismo no era sino un sistema dedicado a conjugar en todas sus formas el verbo ser), manifiesta que la existencia es una caída acabada, y que la caída es una imperfección. Y concluye, entre náuseas, que si existe es porque le horroriza existir.

La mejor manera de saber si existimos o no, nos la da el siempre inesperado Gómez de la Serna: "Hazte una fotografía y si sales es que existes". Bien, pero una vez que nos vemos en el retrato, ¿qué hacer con esta certeza de ser, de existir? ¿Para qué sirve el ser? ¿Es preferible ser a no ser? Quizás, a pesar de las dudas, y de la angustia producida por esas dudas, debamos tomarnos la cuestión no tan a pecho y echar pa'lante, como aconseja J. I. Witkiewicz: "Tener conciencia de la irracionalidad de la existencia y vivir como si fuera racional, aún sigue siendo el sello de una cierta clase". Lo que ocurre es que Witkiewicz no tuvo tanta talla como presumía y le venció la irracionalidad del ser, ese "ser" propio con el que acabó de un pistoletazo en la sien. Quizás para evitar tan funesto fin deberíamos seguir el consejo de Abbie Hoffman: "Comienza desnudo todas las mañanas. Destruye tu nombre, bórrate de las listas, refúgiate en el subsuelo". Es como si todas las mañanas, al afeitarnos, nos desfiguráramos con la cuchilla hasta hacernos irreconocibles de rostro y de alma, perdón, hálito vital. Estrenaríamos ser todas los días. No sé si lo soportaríamos. Tantos seres, y tan parecidos. Todas las existencias se parecen, de ahí la idea de que, salvo la nuestra, y otras pocas más, el resto de ellas son superfluas. Todos parecen vivir de la inercia recibida con el primer golpe que sucede al parto. Somos casi nada. Y fuimos nada, como bien nos informó Quevedo: "Vuelve los ojos, si piensas que eres algo, a lo que eras antes de nacer, y hallarás que no eras, que es la última miseria". Y el futuro no es más esperanzador, pues como nos cantó Goethe:

Todo ser a la nada aspira
Para ser parte de la nada.

Para Gómez de la Serna somos del día tantos, de tal mes, de tal año, hasta el día tantos de tal mes, de tal otro año. Nada más. Lapidario Ramón. Nuestra huella existencial, nuestra historia toda, cabría en el escueto recuadro de una lápida. Y ésta ni siquiera habría de ser de mármol. Escalofríos da pensarlo. Por eso la gente no piensa. Por cobardía. Por miedo. Por tranquilidad. Porque ¿qué nos aportaría el especular sobre el ser como el filósofo Béla von Brandestein, húngaro que fue profesor en la Universidad Peter Pázmány, y que se distinguió por sus trabajos de antropología filosófica, ontología y metafísica? Para von Brandenstein el tema capital de la filosofía es el ente que, en cuanto que es, es algo (*Etwas*). También llegó a la conclusión de que desde el punto de vista de la ontología, el ser tiene tres determinaciones básicas: el contenido (o «esencia»), la forma (o identidad) y la «formación» (o unidad del ser). ¿Y qué?, podríamos contestarle, ¿qué tranquilidad aporta semejantes hipótesis? En fin, prosigamos.

Para San Agustín la existencia es un combate entre lo esencial y una avalancha de pensamientos frívolos. Claro, el clero. ¡Qué obsesión la de esta gente! Y para Cioran (otra vez) existir es una costumbre que no desespera de adquirir. Pero tardó demasiado, y ahora es nada. "Martes. Nada. He existido". Esto dice un personaje de Sartre (La náusea). Lo fundamental perece dicho. Todo lo demás es relleno, oratoria superflua. Reflexionar sobre ello produce vértigo y aboca al pesimismo. Porque el que reflexiona duda, el que duda se hace preguntas y las preguntas convergen en aquellas que hemos formulado al principio, a nuestro origen cosmológico, a la liga de fútbol. Pero no nos asuste dudar. Como bien dice Vicente Aleixandre:

"Quien duda existe. Sólo morir es ciencia"

www.ingramcontent.com/pod-product-compliance
Lightning Source LLC
Chambersburg PA
CBHW070840260726
48660CB00005B/2098